빨모쌤의 라이브 영어회화

빨모쌤의
라이브
영어회화

맥락과 뉘앙스가 살아나는
진짜 영어 말하기 수업

빨간모자쌤 **신용하** 지음

웅진 지식하우스

PROLOGUE

우리는 누구에게 무엇을 가르칠 수 없다.
스스로 깨닫는 것을 도울 수 있을 뿐이다.

_갈릴레오 갈릴레이

책을 쓰기로 결심하기까지 꽤 오랜 시간 망설였습니다. 영어를 배우는 사람이 가장 해서는 안 되는 것이 입은 꾹 닫은 채 눈으로만 책을 읽는 공부라고 생각하기 때문입니다. 게다가 이미 좋은 책들이 많이 나와 있는데 굳이 하나를 더할 필요는 없다는 마음도 컸습니다. 책에 의존하는 학습자들을 더 많이 만들어내는 것 같았거든요.

그러다가 우연한 기회에 인상적인 이야기를 들었습니다. "심지어 책을 펼치지 않아도, 책장에 꽂혀 있는 책이 눈에 띄어서 그 책의 메시지가 무엇이었는지를 떠올리는 것만으로도 동기 부여가 될수 있어요." 그렇다면 학습 자료나 도구로서의 책이 아닌, 사람들의 인식과 행동을 바꿀 수 있는 책을 만들어보자는 마음으로 이 책을 쓰기 시작했습니다.

그래서 1부에서는 먼저 언어를 배우는 데 있어서 잘못 인식하고 있던 것을 바로잡기 위한 '학습 가이드'를 제공합니다. 분량은 많지 않지만 책을 쓰면서 가장 공 들이고 신경 쓴 부분입니다. 영어가 늘지 않는 이유를 외부에서 찾고 해결하려는 습관을 바꾸려면 관점이 바뀌고 생각이 달라져야 한다는 이야기를 담았습니다. 그 과정에서 필요한 구체적인 노력들에 대해서도 설명했습니다.

2부는 내일 당장 쓸 수 있을 정도로 일상적이면서 유용한 표현 75개를 골라 '연습 가이드'로 정리했습니다. 기존 채널에서 이미 소개한 것들도 있지만, 이 책을 통해 처음 다루는 표현도 있는데요. 각각에 대한 예문과 대화문은 최대한 다양하고 현실성 있는 맥락을 살려서 구성했습니다. 무엇보다 '실제 소리 나는 걸 듣고 따라 말할 수 있도록' 제 목소리로 녹음한 음원 영상을 따로 제작했습니다.

제가 영어와 한국어를 모두 하게 된 데는 다섯 살 때 미국으로 건너가고 초등학교 6학년 때 다시 한국으로 온 특이한 성장 배경이 있습니다. 하지만 저는 스스로 '이중 언어 구사자(바이링구얼)'라고 생각하지 않습니다. 솔직히 지금도 영어와 한국어 모두 제게는 '외국어'로 느껴집니다. 그리고 저는 지금도 두 언어를 계속 배우고 있습니다. 바로 여러분을 통해서 말이죠.

이 이야기가 무엇을 의미하는지 느껴지시나요? 저는 제가 전문가라서 여러분의 공부에 도움이 된다고 생각하지 않습니다. 저와 제 채널을 통해서 영어를 접하는 시간이 많아졌기 때문에 도움이 되는 거죠. 마찬가지로 이 책 하나만 본다고 해서 갑자기 말문이 트이고 원어민이 하는 말을 모두 알아들을 수 있지 않습니다. 다만 이 책을 통해서 영어를 어떻게 배워야 하는지, 그리고 실제 원어민들이 자주 쓰는 영어의 모습이란 어떤 것인지를 보고 영어로 소리 내어 말하는 시간이 늘기를 기대합니다. 영어를 배우는 사람에게 가장 필요한 것은 바로 '시간'이니까요. 인터넷, 영화, 그 밖에 뭐든 좋으니 실제로 영어가 쓰이는 걸 많이 접하면서 '스스로 배울 수 있는 힘'을 키우길 바랍니다.

마지막으로 이 책이 나오기까지 도움을 주신 모든 분들께 감사 인사를 드립니다.

신용하

빨모쌤과 함께하는
영어 말하기 수업

1단계. 제대로 된 학습 마인드 장착하기

PART 1.
학습 가이드

성공적인 배움을 위해서는 관점과 태도를 바꿔야 합니다. 불필요한 학습 고민과 스트레스를 만들어내는 잘못된 고정관념에서 벗어나세요. 그리고 올바른 방향으로 시간과 노력을 지속적으로 투입하세요.

2단계. 핵심 표현 75개 입에 착 붙이기

PART 2.
연습 가이드

영어 회화에 접근하는 가장 좋은 방법은 내 일상을 영어로 말하는 것입니다. 평소 나의 생각, 경험, 계획, 느낌 등을 맥락에 따라 정확하게 전달할 수 있는 핵심 표현들을 배워보세요.

3단계. 연습 팁을 꾸준히 실천하기

책 중간중간에 배치된 '영어 업그레이드 팁'들을 놓치지 마세요. 여러분의 공부에 바로 적용할 수 있는 구체적이고 실용적인 연습 도구들이 자세하게 소개되어 있습니다.

PART 2의 구성과 활용

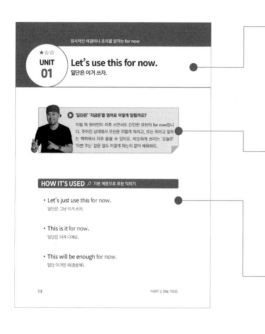

오늘 배울 대표 표현을 핵심 키워드와 함께 확인하세요. 별이 많을수록 응용 및 활용 범위가 넓은 표현입니다.

기본적인 의미부터 헷갈리거나 오해하기 쉬운 포인트들을 빨모쌤이 쉬운 우리말로 섬세하게 알려드립니다.

HOW IT'S USED에는 처음 이 표현을 배우기 좋은 짧은 예문들이 준비되어 있습니다. 여러 번 따라 말하면서 표현에 익숙해지세요.

DIALOGUE는 누구나 공감할 수 있는 현실적이고 일상적인 대화로 구성됩니다. 서로 주고받는 말의 흐름을 따라가면서 머리로는 완벽히 이해하기 힘든 맥락과 뉘앙스를 느껴보세요.

PRACTICE는 오늘 배운 표
현을 다양한 내용으로 연습
할 수 있도록 여러 예문을
제공합니다. 반복 연습을
위한 체크표를 활용하세요.

PRACTICE 🖉 다양한 내용으로 연습하기

• Don't mind her. She's just one of those people.
  쟤는 신경 쓰지 마, 어딜 가든 저런 사람들 있잖아.

• Hey, it's just one of those things. Forget about it, OK?
  어, 살다 보면 있는 일이야. 그냥 잊어, 알았지?

• All right! I am on a roll* today! I guess it's one of those days.
  좋아! 나 오늘 좀 하는데? 오늘은 그런 날인가 봐.

  * be on a roll은 하는 일마다 성공하는 예서가 이어지고 있는 상태를 표현해요.

• I'm just upset about this morning. My boyfriend and I had a
  little argument. It was just one of those things, you know?
  오늘 아침에 있었던 일 때문에 그냥 속상해서, 남자친구랑 좀 다퉜거든. 그냥 그런 거 있잖아.

• Hmm. I'll bet it's one of those places, you know?
  흠. 내가 장담하는데 아마 그런 꼴일 거야.

TIP 보면 쉬운데 막상 말로 나오지 않는 표현

이처럼 단어도 어렵지 않고 해석도 일정한 표현들은 눈으로 보고 '나 이거 알아'라고 착각하기
쉽습니다. 하지만 막상 실전시 머리 속에 자연스럽게 나오지 않아요, 이런 표현은 머릿속으로만이 아닌
익히려면 반드시 입으로 소리 내어 연습하세요.

• It's just one of those days.
  [이츠퍼비너도우스 - 데이스]
• It's just one of those places.
  [이츠퍼비너도우스 - 플레이시스]
• It's just one of those things
  [이츠퍼비너도우스 - 띵스]
• He's/She's just one of those people
  [히스/쉬스퍼비너도우스 - 피플]

128   PART 2. 연습 가이드

FURTHER USE에 나오는
응용 및 심화 표현들로 오늘
배운 것들을 한 단계 더 확
장시켜보세요.

FURTHER USE 🖉 응용 및 심화 표현 배우기

◎ 진행형 be having은 약속된 일/예정된 일에 대해 써요. 초대, 지시, 요청 등이 이루
어졌고 수락도 되었지만 아직 완료되지 않았거나 진행 중인 상태를 말해요.

• I'm having my parents stay over for the weekend.
  부모님을 집에 초대해서 주말 동안 계시기로 했어.

• They're having me come by their office sometime next week.
  나보고 다음 주 중에 그쪽 사무실로 오라고 하더라고.

• The school is having the students take an online course from
  home for the next couple of weeks.
  학교 측에서는 앞으로 몇 주 동안 학생들에게 집에서 온라인 강의를 들으라고 했다.

• Are they having you work even on weekends now?
  (회사가) 이제는 주말에도 일하게 하는 거야?

• Are you having your kids take the bus? You're not going to
  drive them there, are you?
  너 애들 버스 태우려 보낼 거야? 거기까지 차로 데려다줄 건 아니지?

TIP 사역동사 let/make/have의 차이

세 문장 모두 '애들을 집에 있게 한다'로 해석되지만 실제 의미는 각각 다릅니다.

• I let the kids stay home.
  → 집에 있고 싶어 하는 아이들을 집에 있게 하다는 의미
• I made the kids stay home.
  → 아이들을 강제로 집에 있게 했다는 의미
• I had the kids stay home.
  → (추가적인 의미 없이) 아이들을 집에 있게 했다는 의미

UNIT 26. 경험해도 경고해도 소통없는 문 사역동사 have   165

TIP 박스에는 추가로 알면
좋은 발음, 문법, 유사 표현
과의 비교 같은 이야기가 담
겨 있습니다.

음원 영상 서비스

각 UNIT별로 빨모쌤이 직접 녹음, 제작한 음원 영상을
유튜브 <라이브 아카데미> 채널에서 확인하세요.

차례

PART 1. 학습 가이드 - 영어 공부 하고 있다는 착각

영어 공부의 최대 적, 액션 페이킹 | 유형 ① 보물 사냥꾼 | 유형 ② 부지런한 겁쟁이 | 결론: 영어는 써야 는다

반복: 이해는 한 번만, 말을 백 번 하라 | 응용: 배운 표현을 내 것으로 만들기 | 체화: 영어 루틴을 세우고 실천하기 | 적응: 살아 있는 영어와 만나자

배움에 있어서는 순서나 난이도보다 활용도와 꾸준함이 우선이다 | 어려운 것이 아니라 낯선 것이다 | 시행착오는 누구도 대신해줄 수 없다 | 어휘가 부족한 게 아니고 경험이 부족한 것 | 영어 공부와 기억력은 상관이 없다 | 영어를 수학처럼 배울 수는 없다 | 영어로 말하는 건 누구나 두렵다

PART 2. 연습 가이드 - 자연스러운 영어 말하기의 시작

CHAPTER 4 배워서 바로 쓰는 간단한 영어 표현

CHAPTER 5 뉘앙스가 살아나는 한끗 표현

CHAPTER 6 대화의 흐름이 자연스러워지는 연결 표현

CHAPTER 8 반드시 고쳐야 하는 한국식 영어 표현

PART 1.

학습 가이드

★ ★ ★ ★ ★

영어 공부 하고 있다는 착각

CHAPTER 1

당신의 영어 회화가
늘지 않는 이유

"선생님, 듣기나 독해는 어느 정도 하는데 정작 영어로 말을 못 하겠어요. 영어 말하기는 왜 이렇게 어려운 건가요?"

15년 가까이 영어 회화를 가르치면서 이런 질문을 정말 많이 받았습니다. 초중고 12년간 영어를 배웠고 이후에도 계속 공부해왔지만, 막상 외국인 앞에 서면 머릿속이 하얘지고 입이 떨어지지 않는다는 사람들이 대부분입니다.

왜 우리의 영어는 성장을 멈출까요? 영어 말하기는 왜 이렇게 늘지 않는 거죠? 솔직히 이유는 간단합니다. 안 해서 그렇습니다.

그런데 이렇게 말하면 분명 억울한 느낌이 들고, 반박하고 싶을 겁니다.

"무슨 소리예요, 선생님. 제가 그동안 영어 공부를 얼마나 열심히 했는데요. 영어책도 여러 권 사서 보고 비싼 강의도 들어보고 회화 학원도 다녀보고⋯⋯. 정말 안 해본 게 없어요."

맞습니다. 저는 여러분이 영어에 정말 많은 돈과 시간을 투자해 온 걸 부정하려는 게 아닙니다. 하지만 이야기를 구체적으로 들어보면 제 기준에서는 제대로 된 공부라고, 아니, 정상적인 배움이라고 보기 힘든 경우가 너무 많습니다. 이게 도대체 무슨 말일까요?

영어 공부의 최대 적, 액션 페이킹

혹시 액션 페이킹action faking이라는 말을 들어보셨나요? 간단히 설명하면 '뭔가를 열심히 하면서 유익한 시간을 보낸다고 생각하지만 실제로는 목표 달성에 별 도움이 되지 않는 일을 하는 것'을 말합니다. 일종의 'procrastination(실제로 해야 할 일을 놔두고 딴짓을 하면서 지체하는 것)'이라고 할 수 있는데, 예를 들면 다음과 같습니다.

사례 1. 살을 빼겠다고 결심한 A씨. 인터넷에서 효과적으로 살을 빼게 해주는 운동법과 식이요법에 대한 정보를 열심히 검색한다. 자신의 결심과 지식을 SNS에 공유하고 '좋아요'와 응원 댓글을 보면서 기뻐한다. 하지만 식단 조절, 규칙적인 운동, 좋은 수면은 실천하지 않는다.

사례 2. 사업을 시작하겠다고 결심한 B씨. 회사명, 브랜드 로고, 웹페이지 등을 어떻게 만들지 고민하며 스스로 바쁘게 사는 사업가라고 생각한다. 하지만 사업자 등록 절차를 진행한다거나 상품의 공급처를 알아보는 등 실제 사업을 하기 위해 꼭 해야 하는 일은 정작 하지 않는다.

왠지 친숙하죠? 이처럼 액션 페이킹은 목표 달성 과정에서 겪게 되는 어려움이나 감수해야 하는 리스크 등을 교묘하게 피하면서 그럴 듯한 행동으로 만족감과 성취감을 느끼게 해줍니다. 그러다 보니 자신도 모르게 액션 페이킹이 습관이 돼버린 사람들을 종종 볼 수 있습니다.

액션 페이킹은 삶의 여러 영역에서 다양한 형태로 나타나지만 공통적으로 나타나는 대표적인 증상이 있습니다.

- **거창한 계획 excessive planning**
- **과도한 분석 over-analyzing**

특히 영어를 배우는 사람들로부터 쉽게 볼 수 있는 액션 페이킹에는 크게 두 가지 유형이 있습니다. 하나씩 살펴보겠습니다.

유형 ① 보물 사냥꾼

'보물 사냥꾼'은 효과적인 학습법이라는 보물을 찾아다니는 사람입니다. 그들은 이런저런 학습법을 배우는 데 대부분의 시간을 쓰면서 본인이 영어를 배우기 위해 정말 열심히 노력하고 있다고 생각합니다. 하지만 하고 있는 공부가 조금이라도 지루해지거나 어려워지면 금세 그만두고 재빨리 인터넷에 들어가 '영어 교재 추천' '영어 강의 추천'을 검색하거나 유튜브에서 '영어 공부법' 동영상을 열심히 찾아봅니다.

'보물 찾기'는 영어를 배우는 한국 사람에게서 가장 흔히 볼 수 있고 가장 두드러지게 나타나는 액션 페이킹입니다. 물론 학습 효율을 높이기 위해 공부 습관을 점검하고 자신에게 맞는 방법을 찾아내는 것 자체가 문제는 아닙니다. 누구나 하루에 몇 시간씩 영어를 배우는 데 투자할 수 있는 건 아니니까요. 진짜 문제는 그 과정에서 실천의 중요성을 잊은 채 '방법론'에만 집착하는 학습자가 돼버리는 것입니다. 그리고 작은 것 하나까지도 명확한 방법이 있을 거라고 믿게 되죠.

- 영어를 처음 배우는데 기초 문법 책부터 마스터하면 되는지
- 아는 단어가 부족하다고 항상 느끼는데, 단어 공부는 어떻게 하면 되는지
- 영어를 틀리게 쓰는 경우가 많은데 이런 교정은 어떻게 해야 하는지
- 드라마나 영화를 볼 때 자막을 켜고 보는 게 좋은지 아니면 끄고 보는 게 좋은지
- 원서를 보다가 모르는 단어 나오면 그때그때 찾아서 정리하는 게 좋은지 아니면 전체적인 맥락을 먼저 이해하는 것이 좋은지

보물 사냥꾼들은 이렇게 '학습 행위'에 대한 'fine-tuning(미세 조정)'을 통해 영어를 배우기 위한 노력을 한다고 생각합니다. 하지만 관점을 바꿔서 생각해봅시다. 한국어를 배우려는 외국인이 마찬가지 고민을 하고 있다면 여러분은 어떤 조언을 해줄 건가요?

- 한국어를 배우고 싶어요. 기초 한국어 문법 책부터 봐야 할까 요?

- 한국어 단어가 항상 부족하다고 느끼는데 단어 공부는 어떻게 해야 하죠?

- 한국어를 틀리게 쓰는 경우가 많은데 이런 교정은 어떻게 해야 할까요?

솔직히 답은 정해져 있습니다. 그리고 여러분은 이미 그 답을 알고 있어요.

영어든 한국어든 그냥 하나의 언어일 뿐입니다. 즉, 영어를 배우기 위해서 접근하는 방식과 외국인이 한국어를 배우기 위해서 접근하는 방식은 본질적으로 같습니다.

그럼에도 영어는 영어만의 방법이 있을 거라고 찾아다니는 이유는 우리의 욕망과 본능을 이용한 영어 교육 상품들이 영어 배우는 것에 특별한 노하우가 있는 것처럼 메시지를 계속 주입하기 때문입니다. 그 과정에서 '혹시 방법이 있을까?'라는 생각이 '어딘가 분명히 존재하고 그걸 찾기만 하면 영어가 금방 늘 거야'라는 잘못된 믿음으로 변질되는 거죠.

설사 그런 방법이 있다 한들 '바로 이거야!' 하고 알아볼 수 있을까요? 이미 만났지만 지루해져서 제쳐버리고 다른 것으로 넘어가지 않았다고 자신할 수 있나요? 보물 사냥 자체를 재미 삼아 하는 이례적인 경우가 아니라면 방법만 찾아 헤매면서 허비한 시간을 생각했을 때 화가 나야 정상입니다.

세상에 좋은 학습법은 이미 많다.
하지만 그 어떤 것도 오래 꾸준히 하지 않으면 어차피 소용 없다.

영어 배우는 일을 복잡하게 만들지 마세요. 우리가 살면서 배우는 운전, 운동, 요리 등과 다를 게 없습니다. 체계적인 작전이 필요한 것도, 지능이 높아야 하는 것도 아닙니다. 영어가 늘지 않는 문제는 최적의 공부법을 몰라서가 아니라 오래, 꾸준히 하지 않은 탓입니다.

유형 ② 부지런한 겁쟁이

'부지런한 겁쟁이'는 말하는 게 무서워서 머리로만 영어를 배우는 사람들입니다. 이들은 책을 보고 강의를 듣는 식으로 지식을 축적하다 보면 어느 날 짠 하고 원어민처럼 영어가 나오리라고 기대합니다. 그리고 고등학교에서 공부하던 습관대로 모든 것을 공식화하고 칼같이 구분해 정리하려고 하죠. 얼핏 보면 뭔가를 부지런히 하고 있어서 열심히 한다는 인상을 주지만 실제로 입은 움직이지 않아요.

예를 들어, 원어민이 "Are you allergic to any foods?"라고 말하는 걸 들었을 때 부지런한 겁쟁이에 해당되는 사람들은 이렇게 생각합니다.

food는 불가산 명사로 사용하는 거 아닌가? 그런데 왜 복수로 쓰였지? 알레르기 반응을 보이는 종류의 음식(kinds of food)에 대해 묻는 맥락이어서 그렇다고? 이런 예외가 적용되는 다른 경우는 또 뭐가 있지? 그것들에서 어떤 규칙을 발견할 수 있지?

이런 문법적인 세부 사항들을 이해하는 것이 나쁘다고 말하려는 게 아닙니다. 하지만 분명한 사실은 같은 시간에 저 문장을 여러 번 소리 내서 연습하는 것이 영어를 배우는 데 훨씬 더 도움이 된다는 것입니다. 솔직히 문법적인 내용을 잘 모른 채 "Are you allergic to any food?"라고 좀 틀리게 말하더라도 저렇게 말을 할 줄 아는 사람이 되는 게 더 낫습니다.

책과 강의는 무엇을 배워야 하는지를 보여줄 뿐,

그걸 보고 이해했다고 해서 배운 것이 아니다.

영어 교육 상품을 소비하는 것만으로는 영어를 배울 수 없다.

실전에서는 체화된 영어만 입 밖으로 나온다.

지식을 쌓는 것과 그것의 사용 능력을 키우는 것은 전혀 다른 과정입니다. 앞에서 나열한 질문들에 대해 아무리 훌륭한 설명을 들어도 어디까지나 그 설명을 이해한 상태일 뿐 감을 잡아서 사용할 수 있는 능력까지 생기지 않습니다. 영화 〈매트릭스〉에서처럼 머리에 능력을 주입시켜서 바로 수행하게 만들어주는 기술은 현실에 없으니까요.

결국 영어를 잘하고 싶고 특히 말하기 능력을 키우고 싶다면 실제로 많이 써보고 말을 해봐야 합니다. 물론 입을 움직여 소리 내 말하는 건 어색하고 불편해서 가장 하기 싫고 피하고 싶은 연습일 것입니다. 창피하고 부끄럽게 느껴지기도 하겠죠. 그렇다고 자꾸나 자신을 드러내지 않고 학습 행위로만 숨으면 영어는 절대 늘지 않습니다. 문법 공부는 가끔 참고만 한다는 느낌으로 하세요.

결론: 영어는 써야 는다

제가 학원에서 가르치던 학생들 중에 Don이라는 영어 이름을 쓰던 분이 있었습니다. 당시에 그는 이미 40대 중반이었는데, 영어 회화를 배운 지 2년 만에 원어민과 편하게 대화할 수 있는 수준에 도달했어요.

이 이야기를 들은 사람들은 그에게 어떤 비결이 있었을 거라고, 머리가 좋았을 거라고, 또는 남다른 언어적 재능을 타고났을 거라고 생각합니다. 하지만 특별한 건 없었습니다. 그럼 어떻게 영어를 잘하게 된 걸까요?

Don은 학원이 오픈하는 아침 7시에 입장해서 학원 문이 닫는 밤 10시에 퇴장했습니다. 그리고 그 시간 동안 수업을 듣거나 기회가 될 때마다 복도에서 다른 학원생들 또는 원어민 선생님들과 영어로 대화를 했어요. 그렇게 2년 동안 거의 영어만 '쓰면서' 지내는 걸 2년 가까이 해왔던 거죠.

이처럼 영어를 배우기 위해 어떤 대단한 능력이 필요한 게 아닙니다. 듣고 생각하고 말하는 것 같은 일상적인 일들을 영어로 하려고 계속 노력하고, 그걸 장기적으로 지속할 수 있으면 누구나 배울 수 있습니다. 그런데 많은 사람들이 그 과정을 피하고 건너뛸 방법만 연구합니다.

기억하세요. 나보다 영어를 잘하는 사람은 나보다 더 용기를 내서 영어로 말을 많이 한 사람입니다. 불편함을 감수하고 어려움을 이겨내면서 내가 하기 싫어한 일을 나보다 더 많이 한 사람입니다. 나보다 훨씬 더 많은 시간을 영어에 꾸준히 투자한 사람입니다.

이제 액션 페이킹이라는 달콤한 함정에서 그만 나와야 합니다. 영어가 쉽게 늘기를 바라는 마음, 마법 같은 방법이 있을 거라는 기대, 지식 쌓기로 모든 걸 해결하려는 습관, 영어 말하기를 귀찮아하고 두려워하는 태도를 모두 버렸을 때 진정한 배움이 시작됩니다.

CHAPTER 2

지금 당장 시작하는
진짜 영어 공부

영어를 공부하는 대다수가 자주 잊는, 너무나도 중요한 사실이 뭘까요? 실전에서는 익숙한 말만 나온다는 점입니다.

현실에는 대본을 주는 사람도, 그 말을 영어로 알려주는 사람도 없습니다. 상대방에게 계속 기다려 달라고 부탁할 수도 없고요. 원활한 대화가 이뤄지려면 생각과 동시에 말이 나와야 합니다.

이 '실전력'이라는 관점에서 언어를 배우는 데 가장 핵심적인 것이 무엇인지 생각하면, 영어 학습의 제1원칙^{first principle}이 자연스럽게 나옵니다. 바로 반복, 응용, 체화, 적응입니다. 그럼 각각을 실천하기 위한 구체적인 노력들로는 어떤 것들이 있는지 알아봅시다.

반복: 이해는 한 번만, 말을 백 번 하라

이해는 한 번만, 말하는 연습을 백 번 하세요. 제가 정말 여러 번 강조하는 말입니다. 영어를 배우는 시간에는 '직접 소리 내어 말하기'가 최소 90% 이상을 차지해야 합니다.

말하는 연습은 근본적으로 영어의 소리, 발음, 억양, 표현 방식에 익숙해지는 과정입니다. 특히 영어로 말할 때 느끼는 괴리감, 어색함, 불편함을 줄이려면 영어로 말해본 경험이 많아야 합니다. 반복은 꼭 책상 앞이 아니더라도 일상에서 얼마든지 가능합니다.

- 배우고 싶은 영어 표현이나 예문을 종이에 쓰거나 출력해서 평소 눈이 자주 가는 곳에 붙여놓고 지나칠 때마다 한 번씩 말하기.
- 외출 전 열쇠나 핸드폰을 챙기는 것처럼 오늘 외울 영어 한 문장을 챙겨 나가기.
- 지나가면서 보이는 모든 것들에 대한 묘사나 그에 대한 감탄사를 영어로 혼잣말하기.

이해가 되지 않아서 말이 나오지 않는다는 건 완전 거짓말입니다. 우리가 자동차의 작동 원리를 잘 이해하고 있어서 운전을 하는 게 아니잖아요? 이런 식의 핑계를 대기 시작하면 우리가 살면서 할 수 있는 게 거의 없습니다.

이해에 대한 집착은 언어를 배우는 것을 더 어렵게 만듭니다. 모든 언어에는 '원래 원어민들이 그렇게 쓰기 때문에'라고 밖에 설명이 되지 않는, 관습적인 표현들이 많이 있기 때문입니다.

보고 들으면 알지만 쓰지는 못한다는 말에 많은 분들이 공감할 겁니다. 많은 사람들에게 영어는 이런 존재일 거예요. 이걸 극복하려면 머리가 아니라 입이 영어와 많이 친숙해져야 합니다. 발음하는 게 불편하고 귀찮아도 참고 하세요. 필요하면 백 번보다 더 많이 하겠다고 마음을 굳게 먹으세요. 싫은 거 다 안 하면서 쉽고 편하게 영어를 배울 수 있는 방법은 없습니다.

응용: 배운 표현을 내 것으로 만들기

"선생님이 알려주시는 모든 표현, 예문들을 모두 외우고 있어요. 이렇게 계속하다 보면 언젠가 영어가 술술 나오겠죠?"

학습자들이 가장 많이 사용하는 방법 중 하나가 이와 같은 '단순 암기'입니다. 영화 한 편이나 책 한 권을 통째로 외웠더니 어느 날 영어가 되더라는 식의 성공담도 많이 들리죠. 저도 암기할 것을 수시로 권하는 편이고요.

하지만 암기가 목표가 되어서는 안 됩니다. 사실 암기는 반복의 자연스러운 결과일 뿐이거든요. 여러분이 진정 원하는 것은 하고 싶은 말을 영어로 하는 것 아닌가요? 그렇다면 배운 내용을 자기 것으로 만드는 과정이 필요합니다.

예를 들어, 다음과 같은 예문을 배웠다고 생각해봅시다. 실제로 이 예문은 '원래 계획은 이랬는데, 이런저런 일이 생겨서 결국 다르게 하게 됐어'라는 말을 연습하기 위해 제 채널에서 소개한 것입니다.

I was actually going to go to the movies with some friends, but one of them suddenly had something to do and we just ended up canceling the whole thing.
친구들과 함께 영화를 보러 가기로 했는데, 그중 한 명에게 갑자기 일이 생겨서 그냥 계획 전체를 취소하게 됐어.

이 문장에서 핵심 표현은 다음과 같습니다.

- **원래 계획: I was actually going to ~ (원래 ~하려고 했다.)**
- **예상하지 못한 변수: but ~ (그런데)**
- **변경된 계획: and we just ended up ~ing (결국 ~하게 됐다.)**

이제 이 표현들을 의식하면서 자신의 이야기를 적용시켜보세요. 가장 기초적인 단계는 핵심 표현을 그대로 두고 나머지 부분의 단어 등을 바꿔보는 겁니다.

I was actually going to walk my dog, but it suddenly started raining and I just ended up staying home all day.
원래는 강아지 산책을 나가려고 했는데, 갑자기 비가 와서 하루종일 안 나가게 됐어.

이렇게 말하는 흐름에 익숙해졌다면 응용 범위를 좀 더 넓혀도 좋습니다. 부정형을 만들어보거나 핵심 표현의 어휘를 바꾸면서 자기만의 문맥을 만들어보세요.

부정문

I wasn't going to eat anything because it was so late, but I got really hungry and I ended up eating bag of potato chips.
시간이 너무 늦어서 원래는 아무것도 안 먹으려고 했는데, 너무 배고파져서 결국은 감자칩 한 봉지 먹어버렸어.

I actually wanted to get a higher model, but I didn't have
enough money and I ended up getting this one.
원래는 상급 모델을 사고 싶었는데, 돈이 좀 부족해서 결국 이걸
로 사게 됐어요.

만들어진 예문을 눈으로 보는 것과 직접 만들어보는 것은 체감
난이도가 완전 다릅니다. 마치 친구네 개를 가끔 만나서 귀여워하
는 것과 개 한 마리를 직접 키워보는 것만큼 엄청난 차이가 나죠.

옆에서 내가 만든 문장이 맞았는지 봐주는 사람이 없다고 불안
해할 필요는 없습니다. 앞으로 영어를 배우는 과정에서 점차 개선
해나가면 되니까요. 우리가 운전을 배울 수 있었던 것은 온갖 실수
와 두려움 속에서도 계속했기 때문이라는 걸 잊지 말기 바랍니다.

체화: 영어 루틴을 세우고 실천하기

응용 문장을 한 번 만들었다고 해서 그 표현을 쓸 수 있는 감각이
바로 생기는 건 아니죠. 영어를 배우려면 이런 연습을 꾸준히 지속
해야 하는데요. 이를 도와주는 장치가 바로 루틴routine입니다. 예를

들어, 다음과 같은 'weekly exercise routine(주간 연습 루틴)'을 세워 볼 수 있습니다.

- **월요일: 책이나 강의를 보면서 새로운 표현을 배운다.**
- **화요일: 전날 배운 표현들을 가지고 응용 문장을 만든다.**
- **수요일: 영어로 된 영화나 드라마를 본다.**
- **목요일: 영어 일기를 쓴다.**
- **금요일: 오늘 하루는 쉰다.**
- **토/일요일: 한 주 동안 배운 것을 복습한다.**

건강을 위해서는 운동, 음식, 수면, 청결 등을 골고루 신경 써야 하듯이 영어도 여러 활동을 병행하는 게 좋습니다. 공부 방식이나 내용에 변화가 있으면 덜 지루하기도 하고요.

또한 루틴은 하기 싫고 귀찮은 감정에 휘둘리지 않게 해줍니다. 오늘 해야 할 공부가 명확하기 때문에 딴짓을 할 확률도 줄어들어요. 즉, 집중력과 실행력이 높아집니다.

영어 루틴은 각자의 실력과 영어 공부에 쓸 수 있는 시간에 따라 달라집니다. 누구에게나 무조건 효과적인 최고의 루틴 같은 건 없습니다. 다만 루틴을 세울 때, 인풋^{input}만 하지 말고 아웃풋^{output}도 충분히 포함시키세요. 실질적인 성장은 인풋을 아웃풋으로 전환하는 과정에서 일어납니다.

무엇이든 처음 배울 때는 재미있습니다. 아마 삽질도 처음 몇 번은 재미있을걸요? 하지만 기초적인 단계를 벗어난 다음에는 정체기에 머무는 날도 분명 올 것입니다. 이럴 때 지속적이고 단단한 자기만의 영어 루틴이 있으면 지치지 않고 꾸준히 해나가는 일이 훨씬 수월할 겁니다.

적응: 살아 있는 영어와 만나자

외국어를 배우는 것은 다른 나라에 가서 그 문화에 적응해 사는 것과 아주 비슷합니다. 왜 이 사람들이 이렇게 말하고 행동하는지 전부 다 이해할 수 없습니다. 설령 이해했다 해도 마음에 안 들 수 있습니다. 하지만 그렇다고 어떻게 할 수 있는 게 아니잖아요. 그 나라에서 살려면 그냥 받아들여야 하죠. 언어를 배울 때도 마찬가지입니다.

첫째, 열린 마음으로 영어와의 접촉을 최대한 늘려라.

책과 강의는 여러분이 배울 영어의 예시일 뿐 전부가 될 수 없습니다. 실제 원어민들이 영어를 쓰는 걸 많이 봐야 해요. 드라마, 영화, 뉴스 같은 전통적인 영어 콘텐츠도 좋지만 일반 사람들이 많이 활동하는 유튜브나 SNS, 심지어 리뷰나 댓글도 좋은 학습 자료가 될 수 있습니다.

그리고 무엇으로 공부하든 반드시 그날 가장 기억에 남는 표현이나 인상 깊은 문장을 따로 기록하세요. 메모는 작지만 강력한 습관입니다.

무엇을 메모해야 하는지는 정해져 있지 않습니다. 본인이 기억하고 싶은 것이면 돼요. 언어는 자신의 생각을 말로 표현해주는 도구이기 때문에 이 도구가 진짜 쓸모 있으려면 내 일상, 관심, 성향 등을 적극적으로 반영할 필요가 있습니다.

둘째, 관찰만 하지 말고 참여로 빨리 넘어가라.

"전 영어로 대화할 상대가 없는데요? 친구도 없고 학원도 안 다녀요"라고 말하는 사람에게는 온라인 소통을 적극 권합니다. '영어를 쓸 기회'라고 하면 보통 외국인과 얼굴 보고 대화하는 것만 생각하는데, 기회가 있어도 무서워서 결국 안 하게 되는 게 현실이거든요. 하지만 온라인 소통은 진입 장벽이 낮아 실천이 비교적 수월한 편입니다.

실제로 저와 공부를 해온 한 학습자가 해외 커뮤니티 사이트인 레딧(reddit.com)에 「LPT Request: How can I be more confidence when I talk English?」라는 제목으로 글을 올린 적이 있습니다. 그런데 댓글이 무려 200개 넘게 달렸어요. 그중 "confidence가 아니라 confident라고 해야 합니다"라고 지적하는 사람이 한 명이라도 있었을까요? 문법을 잘못 썼다고 비난하는 악플은요? 단 한 개도 없었습니다. 오히려 응원하는 댓글이 잔뜩 달려서 저도 깜짝 놀랐어요.

이렇게 유튜브 구독자들과 함께 레딧을 경험하고 개인적으로 활용할 것을 적극 권장한 후로 용기를 낸 몇몇 분들이 있습니다. 처음에는 손이 떨리고 두려웠지만 지금은 너무 재미있다고 말합니다. 그리고 별거 아닌 일도 게시판에 글을 올리고 댓글을 주고받으며 외국인과 '실제 소통'을 경험하고 있습니다. 영어를 배우는 학습자에게 있을 수 있는 가장 좋은 일이라고 생각합니다.

여러분도 용기를 내보세요. 요리도 운전도 춤도 그림 그리기도, 직장에서 하는 일도, 그 어떤 것도 많이 해봐야 늘지 숨어서 공부한다고 늘지 않습니다. 마찬가지로 영어도 자꾸 써야 늡니다.

CHAPTER 3

빨모쌤의 뼈 때리는
영어 공부 상담소

이 장에서는 영어 공부와 관련해 실제로 받은 고민 상담과 질문에
답하는 시간을 마련했습니다. 한국에서 영어 공부를 하는 데 있어
서 누구나 경험할 수 있는 실질적인 어려움부터 공부 습관과 마인
드에 대한 구체적인 조언까지 포함시켰어요. 무엇보다 여러분의 성
장을 가로막는 자기 방어 및 합리화 기제를 깨려고 많이 노력했습
니다. 그럼 시작해보겠습니다.

배움에 있어서는 순서나 난이도보다
활용도와 꾸준함이 우선이다

선생님, 영어 말하기를 잘하고 싶은데 뭐부터 하면 좋을까요? 수능 영어는 1등급이고 토익은 900이 넘는데 말은 한마디도 못 해요.

두 가지에 집중하세요. ① 영어를 접하는 시간 늘리기. ② 나의 일상을 말하는 데 도움이 되는 어휘와 표현, 때로는 문장 전체를 수집하고 반복해서 내 것으로 만들기.

영어를 접하는 시간을 늘린다는 것은 강의를 포함한 '영어 공부 콘텐츠'를 더 많이 보라는 얘기가 아니에요. 앞서 '살아 있는 영어와 만나자'에서 설명했듯이 원어민들이 실제로 사용하는 영어를 많이 접하고 소통을 하라는 거예요. 그리고 그 과정에서 자신에게 가장 유용하고 인상적이라고 느껴지는 어휘, 표현, 문장 들을 수집하고 반복하세요. 이 두 가지만 꾸준히 해도 개인 공부/연습은 충분히 하는 거라고 볼 수 있어요.

그냥 교재나 초보자에게 좋은 드라마를 하나 추천해주시면 안 되나요?

추천이야 얼마든지 해드릴 수 있죠. 하지만 그 전에 한 가지 짚고 갈 게 있어요. 90%의 경우 추천해주는 교재든 드라마든 끝까지 보지 않는 게 현실이에요. 심지어 교재의 첫 장도 다 보지 않거나, 드라마의 첫 편만 보고 마는 경우가 대부분이에요.

골라준 것이 성향에 안 맞아서 그런 것은 아닐까요?

그럴 수도 있죠. 그래서 교재든 드라마든 학습자 스스로가 조금이라도 더 흥미를 가지고 오래 볼 수 있는 걸 선택하는 것이 중요해요. 앞서 거듭 강조했듯이 그 어떤 방법으로 해도 오래 꾸준하게 하지 않으면 어차피 소용없거든요.

이 개념은 단순히 학습 도구를 선택하는 데서 그치지 않고 다른 세부적인 방식을 결정하는 데도 적용돼요. 예를 들어 '자막을 보는 게 좋을지, 좋다면 영어 자막만 보는 게 좋을지, 아니면 한국어만 보는 게 좋을지, 아니면 둘 다 보는 게 좋을지' 같은 방법론을 따질 때도 마찬가지예요. 결국은 본인이 무엇을 더 오래 할 수 있는지에 달려 있어요.

어려운 것이 아니라 낯선 것이다

👤 오늘 수업은 너무 어려웠어요. 실력을 쌓고 와서 나중에 배울게요.

🧑 가정법이나 간접화법 같은 것을 배울 때 흔히 보이는 반응이에요. 어려우니까 더 공부하고 오겠다는 거죠. 하지만 이것은 "이럴 줄 알았으면 그냥 가만히 있는 건데" 혹은 "친구가 여기 꼭 와보라고 추천했어요"와 같은 말들을 나중에 배우겠다는 얘기예요. 즉, 우리가 일상적으로 늘 쓰는 말들을 나중에 배우겠다는 것인데, 이런 게 바로 영어 성장을 막고 '영포자'를 만들어내는 가장 큰 원인이에요.

👤 그럼 이해가 안 되도 그냥 하라고요? 어떻게요?

🧑 어려운 것을 접했을 때는 우선 주어진 예문을 그 자리에서 최소 50번 직접 소리내 반복하면서 암기를 하세요. 학습자들이 통상 '어렵다'고 느끼는 것은 사실 정말 어려워서가 아니라 익숙하지 않아서 생기는 괴리감 때문인 경우가 많거든요. 그래서 그걸 머리로 이해하려고 하지 말고 일단 내 입으

로 소리를 많이 내면서 괴리감을 조금이나마 없애는 게 중요해요.

외울 수 있을 정도로 연습하라는 말인 거죠?

네, 맞아요. 하지만 '외웠으니까 공부 끝'이라고 생각하면 안 돼요. 자연스럽게 암기될 정도로 익숙해졌다면 이제 단어를 하나 둘 바꿔보세요. 예를 들어, "친구가 여기 꼭 와보라고 추천했어요"를 영어로 하면 "A friend said I should check this place out" 정도로 표현할 수 있는데요. 여기서 나머지는 그대로 두고 친구가 추천했다는 내용을 나타내는 부분인 'check this place out'에 다른 말들을 대입해보세요.

흠. A friend said I should watch the movie?

좋아요. 계속 만들어볼게요.
A friend said I should try the '칼국수'.
A friend said I should wait.
A friend said I should buy this.
그럼 이제 부정문도 만들어보세요. "친구가 거기 가지 말라고 했어"라고 해보는 거예요.

어, 그럼···. A friend said I shouldn't go there.

잘 하셨어요. 또 A friend said I shouldn't worry. A friend said I shouldn't do it. A friend said I shouldn't tell him. ······ 이런 식으로 20개쯤 만들어보세요. 내용이 좋을 필요는 없어요. 해당 맥락에 어울리면 무엇이든 좋아요. 50번 따라하고 응용 문장 20개 만들기. 이 정도만 해도 'A friend said I should / shouldn't ~'의 활용이 많이 편해질 거예요. 마지막으로 이렇게 반복하고 응용하면서 가장 인상적이었던 문장 한두 개 정도를 따로 기록해두세요.

시행착오는 누구도 대신해줄 수 없다

강의나 책에서 배운 표현을 제 이야기로 응용하는 게 너무 어렵게 느껴져요.

그동안 강의나 책을 통해 남이 보여주는 영어를 관찰하기만

해서 그래요. '저 어휘/표현/패턴을 활용해서 나는 언제 어떤 상황에서 어떤 말을 할 수 있을까?'와 같은 고민을 하면서 배운 내용을 나와 연결시키는 과정은 외국어를 배우는 데 있어 정말 중요해요.

제가 유튜브로 실시간 강의를 할 때 응용 문장을 만들어보라고 하면 마치 미리 준비라도 하고 있던 것처럼 많은 응용 문장들을 나열하는 사람들이 있는가 하면, 이때 옆에서 구경하고 있다가 "와, 다들 영어 진짜 잘하신다"라고 반응하는 사람들이 있어요. 하지만 그건 결과만 보고 과정이 있었다는 생각을 미처 못 하는 거예요. 그런 사람들도 모두 한때는 떠오르는 내용이 없다면서 주저앉아 있던 사람들이에요. 멈추지 않고 자꾸 하다 보니 '응용력'이 점차 향상된 거죠.

내가 한 말이 맞았는지 틀렸는지 확인해주는 사람 없이 혼자 응용 연습을 하는 게 의미가 있을까요?

그럼 회사에서 일을 한참 배우는 신입이 이런저런 시행착오를 겪으며 혼자 일을 하는 건 의미가 없나요? 초보 운전자가 옆에서 봐주는 사람 없이 용기 내어 혼자 도로 주행을 나가는 건 의미가 없나요? 아니죠. 그런데 신기하게도 삶의 그 어

떤 영역에도 적용시키지 않는 이런 기준을 '영어'에만 유독
강력하게 그리고 고집스럽게 적용시키는 것을 흔히 볼 수 있
어요.

관점을 바꿔서 생각해보세요. 한국어를 배우는 외국인이 자
신이 내뱉는 말이 맞았는지 틀렸는지 확인해주는 사람이 없
어서 응용 연습을 하는 게 의미가 있는지 모르겠다고 하면
여러분은 뭐라고 얘기하겠어요? 이미 답은 정해져 있어요.
사실 여러분도 다 알아요.

솔직히 틀리는 게 두렵고 부담스러워요. 선뜻 용기가 나지
않아요.

그럴 수 있어요. 실제로 오랫동안 영어를 가르치면서 만난
사람들 대부분이 영어를 한 문장이라도 쓰거나 내뱉을 때 그
것을 '시험'처럼 인식하는 걸 많이 봤어요. 학교에서 항상 정
답과 오답이 분명한 영어만 공부하면서, 틀리면 혼나고 점수
로 망신당했던 일이 일종의 '트라우마'로 남아 아직까지 우
리를 괴롭히고 있는 것 같아요. 저도 한국에서 중학교, 고등
학교, 대학교를 나왔기 때문에 잘 알아요.

틀린 말을 계속하면 습관이 돼 굳어진다고 해서 걱정되기도 해요.

전혀 사실이 아니에요. 이건 마치 초보 시절에 주차를 비뚤게 하면 영원히 주차를 비뚤게 한다는 말과 같아요. 초보 운전 시절 주차하듯이 지금도 그렇게 하세요?
개선하려는 의지만 있다면 전혀 문제될 게 없어요. 오히려 이런 핑계로 말하기를 피하는 것이 영어 배우는 사람에게 훨씬 치명적이에요. 당장 영어가 부족해도 엉망인 채로 일단 말하세요. 괜찮아요. 계속하다 보면 늘어요.

어휘가 부족한 게 아니고 경험이 부족한 것

저는 영어로 말을 하려고 해도 단어가 생각이 안 나서 못 하겠어요.

만약 take a nap(낮잠 자다), get some rest(쉬다), send/receive a text(문자를 보내다/받다)처럼 일상 속에서 반복되는 행동과 활동을 가리키는 기초 생활 어휘에서 막히는 거라면 사실 그냥 영어를 아직 배우기 전 단계라고 보는 게 맞을 것 같아요. 이런 경우라면 이제부터 차근차근 하면 돼요.

반면, '인수인계'라는 단어를 몰라서 말문이 막힌 거라면 그것은 단순히 단어를 모르는 것의 문제가 아니라 말하는 경험이 부족한 거예요. 왜냐면 handover(인수인계)라는 단어를 모르더라도 "show them what they need to do"와 같이 더 기초적인 어휘로 얘기할 수 있거든요. 그 단어를 몰라서 헤매다가 말을 못 끝냈다면 그것은 어디까지나 번역에 실패한 거지 말하는 것에 실패한 게 아니에요. 이런 상황에서 그런 단어 하나쯤은 그냥 한국어로 해버리세요.

잠깐만요, 영어를 하다가 모르는 단어가 나오면 그냥 한국어로 채워서 하라고요?

네! 영어로 말을 하다가 모르는 단어가 있으면 그 자리에 한국어 단어로 말하세요. 영어가 모국어가 아닌 다른 외국인들도 그렇게 하는 것을 자주 볼 수 있어요. 전 그렇게라도 말을 자주 해봐야 한다고 생각해요. 영어를 배우는 과정을 크게 지체시키는 것 중 하나가 '완벽하게 못하니까 아예 말을 하지 말아야겠어' 같은 심리예요.

영어 공부와 기억력은 상관이 없다

전 기억력에 문제가 있는 것 같아요. 배운 단어나 표현을 자꾸 까먹어요. 머리가 나쁜가 봐요.

실전에서는 익숙한 말만 나와요. 이건 누구도 예외가 없어요. 최근에 어떤 어휘나 표현을 배웠다고 해서 실전에서 그것을 컴퓨터처럼 '불러오기'해서 갑자기 쓸 수 있는 게 아니에요. 즉, '기억력'과는 아무 상관 없어요. 자전거를 타거나 악기를 연주하는 것과 다르지 않아요. 반복과 연습으로 자리잡은 '감각'으로 하는 거니까 '기억력이 나쁘다' 같은 핑계로 빠져나갈 생각 하지 마세요.

영어를 수학처럼 배울 수는 없다

개인적으로 꼭 강조하고 싶은 게 하나 있어요. 어떤 표현을 알려주면 자기가 알고 있는 비슷한 의미의 표현들을 가져와서 어떻게 다른지, 바꿔 쓸 수 있는지 등등을 정말 많이 물어봐요.

한번 생각해보세요. 여러분은 외국인에게 '없애다/지우다/삭제하다/제거하다/치우다'의 차이를 모든 활용과 예외를 포함해서 한두 시간 내로 깔끔하게 설명할 수 있겠어요?

흠, 힘들 것 같아요.

설령 100% 완벽한 답을 줄 수 있다 해도 그 외국인은 '뭐가 이렇게 많고 복잡해?'라는 인상만 받지 제대로 이해하지 못할 거예요. 영어를 배우는 한국인 입장에서도 마찬가지예요. 개인적으로 이걸 '나무 타기'라고 불러요. 유튜브 채널에서 실시간 강의를 할 때 예문과 대화문을 보고 듣고 따라하는 과정을 함께 손잡고 숲을 통과하는 모습에 자주 비유하거든요. 그런데 같이 숲을 거닐다가 중간에 이상하게 생긴 나무를 보면 갑자기 그 나무에 올라타는 사람들이 있어요. "선생님, 이 문장에서 get rid of 말고 throw away라고 하면 안 돼요? 무슨 차이죠? delete는요?" 같은 질문을 하면서요.

하지만 언어는 수학처럼 표를 그려 명확하게 구분해서 깔끔하게 정리할 수가 없어요. 언어는 상황, 어감, 내포된 의미, 반어법 등과 같은 변수가 많기 때문에 어느 어휘나 표현이든 항상 맥락을 함께 생각해야 해요. 김치찌개를 끓이는 것을 배우다가 돼지고기가 들어간다는 얘기를 듣고 갑자기 온갖 돼지고기 부위를 비교하기 시작하면 안 된다고요.

영어로 말하는 건 누구나 두렵다

외국인하고 말하려고 하면 너무 떨려서 얼어버려요. 어떻게 하면 자신감을 가질 수 있을까요?

외국인들 앞에서 주눅들지 않고 말하는 자신감 같은 건 저도 없어요. 그보다는 '영어를 잘하지 못해도 괜찮다는 자신감' 이 영어를 배우는 사람에게는 더 중요하다고 생각해요. 우리 에게 영어는 외국어고, 외국어는 못 하는 게 기본값이에요.

하지만 내 영어가 너무 형편없어서 상대방이 짜증 낼 수도 있잖아요.

물론 그럴 수도 있겠죠. 하지만 그런 사람은 영어가 아니었 다면 다른 것으로 당신을 놀릴 거예요. 남의 부족한 모습만 골라 지적하고 비웃고 업신여기는 비열한 사람들에게 휘둘리지 마세요. 보통은 고마워하는 게 일반적인 반응이에요. 우리가 서투른 한국말로 이야기하는 외국인에게 그렇게 생각하는 것처럼요. 그러니 기죽거나 미안해하지 말고 지금 당신과 이렇게 대화할 수 있어서 너무 좋고 즐겁다는 걸 분위기로 표현해주세요.

실력을 더 쌓고 나면 외국인과 말하기가 더 쉬워지지 않을까요?

외국어로 말하는 건 누구에게나 두려운 일이에요. 그래서 대부분의 학습자들이 '공부'라는 보호막 속에서 숨어 지내죠. '공부를 하다 보면 두려움이 사라질 것이고 그때 되면 짠 하고 외국인들과 유창하게 영어로 말할 거야' 같은 환상을 품고서요.

하지만 두려움은 사라지는 게 아니라 극복되는 거예요. 이런 사람에겐 앞서 소개한 '온라인 소통'을 한 번 더 추천하고 싶어요. 온라인으로라도(댓글, 채팅, 라이브 스트리밍 등) 외국인과 소통을 해본 사람은 실제로 얼굴 보고 얘기할 기회가 왔을 때 '외국인 울렁증' '머릿 속 하얘짐증' '배운 거 다 까먹음증'을 훨씬 적게 경험할 거예요.

PART 2.

연습 가이드

★ ★ ★ ★ ★

자연스러운
영어 말하기의
시작

CHAPTER 4

배워서
바로 쓰는
간단한
영어 표현

★ ☆ ☆

UNIT
01

Let's use this for now.
일단은 이거 쓰자.

▶ '일단은' '지금은'을 영어로 어떻게 말할까요?

이럴 때 원어민이 자주 쓰면서도 간단한 표현이 for now입니다. 주어진 상태에서 우선은 어떻게 하자고, 또는 하라고 말하는 맥락에서 자주 들을 수 있어요. 비슷하게 쓰이는 '오늘은' '이번 주는' 같은 말도 어떻게 하는지 같이 배워봐요.

HOW IT'S USED 🔍 기본 예문으로 표현 익히기

- **Let's just use this** for now.
  일단은 그냥 이거 쓰자.

- **This is it** for now.
  일단은 이게 다예요.

- **This will be enough** for now.
  일단 이거면 돼(충분해).

A What do we call her?

뭐라고 부르지?

B How about Friday?

프라이데이 어때?

A Friday? Are you serious?

프라이데이? 진짜로?

B What? That's a legit girl's name.

왜? 그거 진짜 있는 여자 이름이야.

A Fine. We'll call her Friday for now, but let's see what else we can come up with. I want to give her a pretty name.

알았어. 그럼 일단은 프라이데이라고 부르고, 다른 것도 생각해보자. 예쁜 이름을 지어주고 싶단 말이야.

✐ **for now는 맥락과 문장의 구성에 따라서 다양하게 위치할 수 있습니다. 위치가 달라지면 강조되는 부분이 달라질 뿐, 전반적인 내용이나 의미에는 차이가 없어요.**

- This isn't a long-term solution, but for now, it's the best we've got.

  장기적인 해결책은 아니지만 지금으로서는 이게 최선이야.

- For now, let's just keep this between us until we have more certainty.

  더 확실해질 때까지 일단은 우리만 알고 있자.

- Something came up at work and it looks like I'm going to have to put my travel plans on hold for now.

  회사에 일이 생겨서 일단은 여행 계획을 보류해야 되겠어.

- I know you want to help, but you're still new and it'll be a while before you can start doing any real work. So for now, just focus on learning as much as you can.

  돕고 싶은 건 알지만 시작한 지 얼마 안 됐으니까 제대로 된 일을 하기 시작하려면 시간이 좀 걸릴 거야. 그러니까 일단은 최대한 많이 배우는 데 집중하도록 해.

✅ **한국어로 '오늘은' '오늘 밤에는' '이번 주에는' '당분간은'이라고 하듯이, 영어도 마찬가지예요.**

- I think we've done enough for today. Let's continue tomorrow.
  오늘은 충분히 한 것 같아. 내일 이어서 하자.

- It looks like they're closed for the day. Let's come back tomorrow.
  오늘은 영업이 끝난 모양이네. 내일 다시 오자.

- Thanks, but I'm good. I think I've had enough to drink for tonight.
  고맙지만, 난 됐어. 오늘 밤은 충분히 마신 것 같아.

- It says here* they're fully booked for the week. The earliest is next month.
  이번 주는 예약이 다 찼다고 나오네. 가장 빠른 게 다음 달이야.

  > * it says here (that)은 '~라고 (어떤 정보가) 나와 있다/쓰여 있다'라는 뜻이에요.

- There's been a slight delay, so it looks like we're going to have to make do with* what we have for the time being.
  약간의 지연이 있었어요. 그래서 당분간은 있는 것으로 버텨야 할 것 같아요.

  > * make do with는 '~으로 버티다/때우다/어떻게든 해보다'라는 뜻이에요.

I enjoyed it for the most part.

난 대체로 재미있었어.

★☆☆
UNIT
02

▶ **세상에 100%라는 건 별로 없죠?**

그래서 '거의' '대부분' '전반적으로' '대체로' 같은 말을 자주 쓰게 되는데, 이때 mostly와 더불어 정말 많이 쓰는 표현이 for the most part입니다. for the most part를 적절한 맥락에서 자연스럽게 활용할 수 있도록 다양한 예문으로 연습하세요.

HOW IT'S USED 🔍 기본 예문으로 표현 익히기

- I enjoyed the movie for the most part.
  난 그 영화 대체적으로 재미있게 봤어.

- The date went OK for the most part.
  소개팅은 전반적으로 괜찮았어.

- I prefer cats over dogs for the most part.
  저는 대체로 개보다는 고양이를 더 좋아해요.

DIALOGUE 💬 일상 대화 속에서 활용 감각 키우기

A This movie looks fun.

이 영화 재미있겠다.

B Oh, that? I saw it right when it came out.

아, 그거? 난 나오자마자 봤는데.

A You did? How was it?

봤다고? 어땠어?

B It was OK for the most part. It's not that different from the one that came out a few years ago.

전반적으로 괜찮았어. 몇 년 전에 나온 것과 크게 다르진 않아.

A I didn't realize there was a prequel.

전편이 있는 줄 몰랐네.

B Oh, this one isn't really a sequel. It's more like a reboot.*

아, 이건 후속편이라기보다는 리부트에 더 가깝겠다.

* 원어민은 그냥 More like a reboot이라고도 해요. 실제 대화에서는 it 또는 it's를 생략하는 경우가 많거든요.

- For the most part, I think that it was a smart decision.
  전반적으로는 잘 결정한 것 같아.

- For the most part, I'd say she's been adapting pretty well.
  그녀가 대체로 잘 적응하고 있다고 봐요.

- For the most part, learning a foreign language is similar to adapting to a foreign culture.
  외국어를 배우는 것은 외국 문화에 적응하는 것과 대체적으로 비슷해요.

- We were met with a few critical moments, but I feel like we handled each one pretty well for the most part.
  위기의 순간들을 몇 번 직면했지만, 우리는 매번 나름 잘 대처했다고 생각해요.

T🅘P for the most part와 구별되는 mostly

for the most part와 mostly는 비슷한 점이 많지만 맥락에 따라 구분해야 할 때가 있습니다.

- A: Wow, you have a lot of emails to catch up on.
    와, 읽어야 할 메일이 엄청 많네.
  B: Not really. They're <u>mostly</u> just spam mail.
    아냐, <u>거의</u> 스팸 메일이야.

여기서 for the most part는 어색해요. for the most part는 하나의 대상이 대체적으로 어떻다고 얘기할 때 어울리거든요. 이 대화에서는 '여러 개'의 읽지 않은 메일에 대해 얘기하고 있기 때문에 mostly로 말하는 게 자연스럽습니다.

FURTHER USE ✎ 응용 및 심화 표현 배우기

☑️ **단순히 yes나 no로 답이 가능한 상황에서 for the most part를 같이 쓰면 대답이 더 성의 있어 보여요.**

- A: Did you have a nice trip?
  여행 잘 다녀왔어?

  B: For the most part, yes.
  응. 전반적으로 괜찮았어.

- A: Is this what you had in mind?
  이런 거 생각한 거야?

  B: Not entirely, but for the most part, yes.
  완전히는 아닌데, 대체적으로는 맞아.

- A: Are you close with your sister?
  누나랑은 사이 좋아요?

  B: I'd say we are for the most part. We do argue a lot, but all brothers and sisters do that, right?
  대체적으로는 그런 것 같아요. 자주 다투기는 하지만 남매들이 원래 다 그렇지 않나요?

- A: How did the interview go?
  면접은 어땠어?

  B: Well, for the most part, it was a complete disaster. But I actually learned a few things about the company that gave me second thoughts about working there.
  뭐, 완전 망한 거나 다름없어. 그렇지만 그 회사에 대해 몇 가지 새로 알게 된 사실이 있는데, 거기서 일하는 것에 대해 다시 생각해보게 되더라.

UNIT 02. 100%가 아니라면 for the most part

65

UNIT 03
★☆☆

You're good for a beginner.
초보자치고는 잘하네.

▶ 전치사 for를 '~을 위해'로만 알고 있나요?

그런데 for에는 '~치고는'이라는 매우 중요한 뜻도 있어요. 모든 것은 상대적인 만큼 어떤 기준점과 비교해서 말하는 경우가 많은데 이럴 때 for가 아주 유용하게 쓰여요. 예문을 통해 for의 새로운 의미를 알맞게 활용하는 연습을 해보세요.

HOW IT'S USED 🔍 기본 예문으로 표현 익히기

- You're pretty good for a beginner.
  초보자치고는 꽤 잘하네.

- She looks really good for her age.
  그녀는 나이에 비해 진짜 젊어 보여.

- For a weekday, it was pretty crowded.
  평일치고는 사람이 꽤 많았어.

A Where did you find her?

어디서 찾은 거예요?

B In a parking lot. She was hiding under a car. So, how does she look?

주차장에서요. 차 밑에 숨어 있었어요. 상태는 좀 어떤 것 같아요?

A Well, for a stray, she looks to be in fairly good condition. I'd put her somewhere around 4 months old.

음, 유기견치고는 상태가 꽤 좋은 것 같아요. 4개월 정도 된 것으로 추정되네요.

B Really? She's kind of small for a 4 month old, right?

그래요? 4개월치고는 좀 작은 것 같은데, 그렇죠?

A I guess you could say that. Do you own any other dogs?

그렇다고 할 수도 있죠. 다른 개도 키우세요?

B No, I don't.

아니요.

A Really? For someone who doesn't own a dog, you seem to be quite comfortable handling her.

정말요? 개를 안 키우는 분치고는 꽤 잘 다루시는 것 같은데요.

B I have a lot of friends who do.

키우는 친구들이 많아요.

A That's good.

잘 됐네요.

- It's **not bad** for a ten-thousand-won pizza.

  만 원짜리 피자치고는 꽤 맛있네.

- It **offers a lot of privacy** for an apartment.

  아파트치고는 사생활 보호가 좋은 편이에요.

- It's **kind of expensive** for a compact car. I think we should keep looking.

  경차치고는 좀 비싼데. 계속 찾아보는 게 좋을 것 같아.

- Wow, it's **in really good condition** for such an old hotel. They must spend a lot on maintenance.

  와, 이렇게 오래된 호텔치고는 상태가 꽤 괜찮네. 유지 보수에 돈을 꽤 많이 투자하는 모양이야.

- Are you sure you want to work there? It's **kind of far** for a part-time job.

  너 정말 거기서 일하고 싶은 거야? 아르바이트치고는 좀 먼데.

✅ **for + <누구/무엇>에서 '누구/무엇'에 해당하는 내용을 관계절로 확장시킬 수 있습니다.**

- For a computer that's well over 10 years old, it's still quite usable.

  10년도 훨씬 더 된 컴퓨터치고는 아직도 꽤 쓸 만해.

- For a dog that's been neglected for so long, it's in surprisingly good health and spirits.

  그렇게 오래 방치된 개치고는 건강과 정서 상태가 의외로 좋네.

- For someone who has never had any formal training, I'd say she did an excellent job.

  제대로 된 교육(훈련)을 받은 적이 없는 사람치고 정말 잘했다고 생각해요.

- For a TV show* that is only in its first season, it has already been gaining a lot of attention.

  아직 첫 번째 시즌인 드라마치고는 벌써 꽤 많은 관심을 끌고 있어.

  > * 드라마는 액션이나 호러처럼 장르에 해당하는 말이에요.
  > 그래서 장르를 굳이 구체적으로 특정할 필요가 없으면, 그냥 (TV) show라고 하는 편이에요.

- For someone who has just lost his job, you're in a surprisingly good mood.

  너, 방금 실직한 사람치고는 의외로 기분이 좋네.

UNIT 04

★☆☆

It's not like I do that every day.

내가 매일 그러는 건 아니잖아.

▶ **"우리가 무슨 사귀는 사이도 아니잖아"를 영어로?**

이때 '~인 것도 아니잖아'라는 부분을 영어로는 It's not like ~ 로 표현합니다. 그래서 저라면 It's not like we're dating or anything.이라고 말할 것 같아요. 이처럼 다 아는 사실을 짚어 내면서 문제가 없거나 어떤 의무의 불필요성을 강조할 때 많이 쓰는 표현이에요.

HOW IT'S USED 🔎 기본 예문으로 표현 익히기

• Come on. It's not like I do that every day.

아, 좀. 내가 매일 그러는 것도 아닌데.

• What's the big deal? It's not like I cursed or anything.

그게 무슨 대수야? 내가 무슨 욕을 한 것도 아니고.

• I'm so worried. It's not like I have friends there.

참 걱정이야. 거기에 친구가 있는 것도 아니라서.

A The other day, Frank told me about this business idea he had and I just told him what I thought and now he's upset with me. It's not like I said his idea was dumb.

며칠 전에 프랭크가 자기가 구상한 사업 아이디어에 대해서 나한테 얘기해줬거든. 난 그냥 솔직한 내 의견을 말해줬을 뿐인데 지금 나한테 화가 났어. 내가 걔 아이디어에 대해 바보 같다고 한 것도 아니고.

B What did you say exactly?

네가 정확히 뭐라고 했는데?

A I said that it didn't seem like it was enough to appeal to modern consumers. It's not like I have to agree with him on everything, right?

현대 소비자들에게 어필하기에는 부족해 보인다고 했어. 내가 항상 걔 생각에 동의해야 하는 것도 아니잖아, 안 그래?

PRACTICE 🖊 다양한 내용으로 연습하기 ①

- Don't worry. It's not like we don't have other options.

  걱정하지 마. 우리에게 다른 선택지가 없는 것도 아니잖아.

- I think it's too fast. It's not like we know each other that well.

  이거 너무 빠른 것 같아. 우리가 서로를 그렇게 잘 아는 사이도 아니잖아.

- Don't worry about it. It's not like you broke the law. Plus, they know you. I'm sure they'll understand.

  신경 쓰지 마. 법을 어긴 것도 아닌데 뭘. 게다가 그들이 널 알잖아. 분명 이해해줄 거야.

- Don't be so hard on him. It's not like it was on purpose. And he already apologized to you twice, didn't he?

  걔 좀 봐줘. 고의도 아니었는데. 게다가 벌써 두 번이나 너한테 사과하지 않았어?

- This is a great opportunity for you. You shouldn't be worried about Allan. It's not like the two of you are married.

  이건 너한테 너무 좋은 기회야. 앨런 걱정을 하고 있을 때가 아니라고. 둘이 결혼한 사이도 아니잖아.

- This isn't that bad. It used to be a lot worse. Don't worry. You'll get used to it. Besides, it's not like we have any other choice.

  이 정도면 그렇게 나쁘지 않아. 예전에는 훨씬 더 불편했어. 걱정 마. 금방 익숙해질 거야. 게다가 우리에게 다른 방법이 있는 것도 아니잖아.

- We should probably just get someone to do it. You know. Hire someone. It's not like any of us has done this before or know how to do it.

  아무래도 누구한테 그 일을 맡기는 게 좋겠어. 사람을 고용하는 거야. 우리 중에 이걸 해봤거나 어떻게 하는지 아는 사람이 없잖아.

- Why are you so nervous? It's not like they're interviewing you. Besides, you've met them before. Just be yourself and you'll be fine.

  왜 이렇게 긴장했어? 면접을 보는 것도 아닌데. 게다가 전에도 만나봤잖아. 그냥 평소 너답게 행동하면 괜찮을 거야.

TIP 의외로 이 표현을 배우기 어려워해요

It's not like ~는 아주 간단하면서도 효과적인 표현인데 의외로 발음 때문에 배우기 어려워합니다. 특히 it's 발음에 대한 불편함과 어색함이 큰 것 같아요. 하지만 불편하고 어색한 거 다 피하면 그 언어는 배울 수 없겠죠? 유튜브 강의를 보고 듣고 따라 말하면서 it's 발음을 많이 연습하길 바랍니다.

★★★

UNIT 05

Otherwise, it's in really good condition.

그것만 빼면, 상태는 정말 좋아.

▶ **otherwise를 자연스럽게 쓸 수 있어야 해요.**

otherwise는 의미와 활용이 다양해서 많은 연습이 필요한 표현입니다. if ~ not의 의미를 담은, '그렇지 않으면'이라는 뜻을 가장 많이 알고 있을 텐데요. 그 외에 앞에서 언급한 '그것을 제외하면' 또는 '그것과 반대로/다르게'라는 뜻으로도 자주 쓰이니 새롭게 알아 가면 좋겠네요.

HOW IT'S USED 🔍 기본 예문으로 표현 익히기

- It could use a new finish. Otherwise, it's in really good condition.

  새로 칠만 해주면 좋겠네요. 그것 말고는 아주 훌륭한 상태예요.

- We should probably let everyone know we're brothers and sisters before they start thinking otherwise.

  아무래도 사람들이 오해하기 전에 우리가 남매라는 것을 알려주는 게 좋겠어.

A We should get going. Otherwise, we'll miss the beginning. You know I can't drive fast like you.

출발해야겠다. 안 그러면 앞 부분 놓치겠어. 난 당신처럼 운전을 빨리 못하잖아.

B Right. Urgh. Why did I have to hurt my ankle? Otherwise, I wouldn't have you drive in the rain.

맞네. 으, 하필이면 왜 발목을 다쳤지? 안 그랬으면, 비 오는데 당신한테 운전을 시키지 않았을 텐데.

A Don't worry. I am slow, but otherwise, pretty comfortable behind the wheel.

걱정 마. 느리긴 하지만 그것만 빼면 꽤 잘하는 편이라고.

B I know. And can I be real honest with you? I'm actually psyched I got injured. What would've otherwise been a normal week at work is now a vacation week with you.

알아. 그리고 진짜 솔직하게 말해도 돼? 사실 부상 당해서 너무 좋아. 안 그랬으면 직장에서 평범하게 보냈을 한 주였을 텐데 이제는 당신이랑 일주일 휴가잖아.

⊘ otherwise의 활용 ① 그러지 않으면

- Remember to save your work frequently, otherwise you can lose hours of precious work.

  잊지 말고 작업을 최대한 자주 저장해. 안 그러면 몇 시간 동안 열심히 한 일을 날릴 수도 있어.

- We had to leave early. Otherwise, we wouldn't have made it on time.

  일찍 출발해야 했어. 안 그랬으면 제 시간에 도착 못 했을 거야.

  ★ 여기서는 otherwise가 가정법으로 쓰였어요.

⊘ otherwise의 활용 ② (앞에서 언급한) 그것을 제외하면

- The missing child was found several days later slightly malnourished, but otherwise, unhurt and in fairly good health.

  실종된 아이는 며칠 뒤에 발견됐는데 가벼운 영양실조 증상 외에는 부상도 없이 꽤 건강한 상태였어요.

⊘ otherwise의 활용 ③ (앞에서 언급한) 그것과 다르게/반대로

- Investigators have concluded that it was just a very unfortunate accident. But, there is still a large number of people who believe otherwise.

  조사관들은 그냥 아주 안타까운 사고였던 것으로 결론을 냈지만, 아직 많은 사람들이 다르게 믿고 있어요.

☑ **what would have otherwise been**은 '(그것만 아니었다면) ~했을 수도 있었던'이 라는 의미입니다. 여기서 otherwise는 '그것을 제외하면'이라는 뜻으로 쓰였어요.

- The weather completely ruined what would have otherwise been a perfect evening.
  완벽할 수도 있었던 저녁을 날씨가 완전히 망쳤어.

- The scandal pretty much ended what would have otherwise been a very successful career for him.
  매우 성공적이었을 수도 있었던 그의 커리어는 그 스캔들로 물거품이 됐어요.

☑ **suggest otherwise**는 '그렇지 않다는 걸 나타낸다'라는 의미입니다. 여기서 otherwise는 '그것과 다르게/반대로'라는 뜻으로 쓰였어요.

- She claims she had no knowledge of that, but all of her actions suggest otherwise.
  그녀는 그것에 대해 전혀 아는 게 없었다고 주장하지만, 그녀의 모든 행동은 그 반대를 가리키고 있어요.

- Generally speaking, higher education leads to better quality of life, but there are plenty of real life cases that suggest otherwise.
  일반적으로 더 높은 수준의 교육이 더 나은 삶으로 이어진다고 말하지만, 꼭 그런 건 아니라고 말해주는 실제 사례들도 많이 있어요.

★ ★ ★

UNIT 06

Does anybody want me to go over the rules again?
규칙을 다시 알려줬으면 하는 분 있나요?

▶ **go over를 '검토하다'로만 알고 있나요?**

go over는 맥락에 따라 '그냥 한번 보다' '확인하다' '다루다' '설명해주다' '숙지하다' 등의 의미로 다양하게 쓰입니다. 몇 가지 우리말에 매칭시켜서 외우는 건 좋지 않고, 여러 예문을 통해 내포된 의미와 활용 범위를 느끼는 게 중요해요.

HOW IT'S USED 🔍 기본 예문으로 표현 익히기

- Does anybody want me to go over rules once more before we start the game?
  게임을 시작하기 전에 규칙을 한 번 더 알려드렸으면 하는 분 있나요?

- I went over it in my head again and again.
  머릿속으로 그걸 여러 번 반복해서 생각해봤어.

DIALOGUE 💬 일상 대화 속에서 활용 감각 키우기

A Come on, Andrew. We've gone over this a dozen times. You can't keep acting on your own like this.

왜 이래, 앤드루. 열 번도 넘게 얘기한 거잖아. 계속 이렇게 개인 행동을 하면 안 돼.

B I know, but all that does is slow everything down. You trust my judgment, right? When have I been wrong?

아는데 그러면 모든 게 느려지기만 한단 말이야. 내 판단 믿잖아, 그렇지? 내가 틀린 적 있어?

A It's not about that. We're all part of a team. If something like this comes up, you have to share it with the rest of us so we could go over it and come to a decision together. That's the only way a system can work.

그게 문제가 아니잖아. 우리는 모두 한 팀의 구성원이라고. 이런 일이 생기면, 나머지 사람들과 공유해서 함께 확인하고 결정해야 돼. 그래야만 체계가 유지되는 거야.

⊘ go over의 활용 ① 검토하다

- Can I go over it one last time before I hand it over? I just want to make sure everything is right.

  넘겨 드리기 전에 마지막으로 한 번 검토해도 될까요? 틀린 것이 없는지 확실하게 하고 싶어서요.

⊘ go over의 활용 ② 훑어보다

- I carefully went over* the documents a couple of times, but there's always a chance that I missed something.

  문서를 자세히 몇 번 훑어봤지만, 내가 뭔가를 놓쳤을 가능성은 언제나 있지.

  > * go over는 처음부터 끝까지 죽 보면서 그 내용을 파악한다는 의미예요.
  > 반면 똑같이 '훑어보다'라는 뜻으로 알고 있는 go through는
  > 오류 등을 찾아내기 위해 샅샅이 살펴본다는 느낌을 강조할 때 많이 써요.

⊘ go over의 활용 ③ 확인하다

- Before we get started, there are a couple of things that we have to go over first.

  시작하기 전에 먼저 몇 가지 확인해야 할 것들이 있어요.

⊘ go over의 활용 ④ 숙지하다

- We'd better go over our story a few more times just in case. He's like a human lie detector and he can smell a lie from a mile away.

  혹시 모르니까 우리 이야기를 몇 번 더 연습하는 게 좋겠어. 걔는 인간 거짓말 탐지기 같아서 멀리서도 거짓말을 귀신같이 알아채거든.

⊘ go over의 활용 ⑤ 다루다

• In her book, she goes over* a lot of very interesting details about the incident.

그 책에서 그녀는 그 사건에 대한 매우 흥미로운 세부 내용들을 많이 다룬다.

* '다루다'라는 의미의 go over는 cover나 address로 대체할 수 있어요.

⊘ go over의 활용 ⑥ 어떤 것에 대해 얘기를 해서 서로 같은 의견에 이르다

• Why are you bringing this up again? I thought we went over this.

이 얘기는 왜 또 꺼내는데? 끝난 얘기 아니었어?

⊘ go over의 활용 ⑦ 어떤 절차 따위에 대해서 설명해주다

• Don't worry. You don't have to remember everything. I'm just going over it once now to give you a rough idea. I will go over it with you again later.

걱정 마세요. 다 기억해야 하는 건 아니에요. 지금은 일단 대략적으로 알 수 있게 설명해드리는 거예요. 나중에 다시 한번 설명해드릴 거예요.

⊘ go over의 활용 ⑧ 어떤 과정 등을 누구에게 가르칠 목적으로 보여주다

• She will need some hands-on experience before we put her to any real work, but she's fairly familiar with the workflow. I've gone over it with her several times.

그녀에게 제대로 된 일을 맡기려면 실질적인 경험이 좀 필요하겠지만, 워크플로우를 꽤 잘 파악하고 있는 상태야. 내가 여러 번 보여줬거든.

UNIT 07
★☆☆

I'll make sure everyone knows.
모두한테 확실하게 전할게.

▶ **make sure를 '확실하게 파악하다'로 알고 있나요?**

make sure는 어떤 것을 잊어버리거나 놓치지 않고 반드시 해야 할 때 ① 상대방에게 꼭 그렇게 하라고 말하거나 ② 나 자신이 꼭 그렇게 하겠다고 말하는 표현입니다. make sure 다음에는 'to+동사원형' 또는 '(that)+문장'으로 이어져요!

HOW IT'S USED 🔍 기본 예문으로 표현 익히기

• Please, make sure to double check before you submit it.

제출하기 전에 다시 한번 꼭 검토하세요.

• Don't worry. I'll make sure that she gets the message.

걱정하지 마. 그녀에게 확실하게 메시지를 전할게.

A Hey, why is that package still here? I thought you would've taken it to the post office by now.

야, 저 상자가 왜 아직도 여기 있어? 지금쯤이면 우체국에 가지고 갔을 줄 알았는데.

B Don't worry. It's on my to-do list.

걱정하지 마. 할 거야.

A You better make sure that it's in the mail within the next couple of days. The holidays are coming up.

앞으로 며칠 안으로는 꼭 발송해야 된다. 이제 곧 명절이잖아.

B I'm going to mail it today. Don't worry about it.

오늘 중으로 발송할 거야. 걱정 말라고.

A And make sure to double check the address. We can't afford another mistake like last time.

그리고 주소 다시 한번 꼭 확인하고. 지난 번처럼 실수하면 감당 안 된다.

⟨⊘⟩ make sure to + 동사원형 형식으로 쓰는 것에 익숙해지세요.

- Make sure to review it at least twice before you submit it.
  제출하기 전에 최소 두 번은 꼭 검토하도록 해.

- Please, make sure to wash your hands before you eat.
  먹기 전에 반드시 손을 씻으세요.

- Did you make sure to lock the doors?
  문 단속은 확실하게 했지?

- Did you make sure to turn off all the lights before you left?
  나오기 전에 모든 불을 확실하게 다 끄고 나온 거 맞지?

⟨⊘⟩ make sure (that) + 문장 형식으로도 많이 씁니다.

- I made sure it was the right size.
  사이즈가 맞는지 확인했어요.

- I always make sure my phone is fully charged before I leave in the morning.
  나는 아침에 나가기 전에 항상 핸드폰을 꼭 완전히 충전시켜.

- How can I make sure that my child is getting all the nutrients he needs and is not being overfed?
  어떻게 하면 내 아이가 필요한 영양소를 다 섭취하고 있고 너무 많이 먹고 있지 않다는 것을 확실히 알 수 있죠?

⊘ **'절대 ~하지 않도록 하다'라는 의미의 부정문을 만들 때는 make sure not to로 말합니다. Don't make sure to로 말하지 않도록 주의하세요.**

• We need to make sure not to allow something like this to happen again.

    이런 일이 다시는 일어나지 않도록 해야 합니다.

• Make sure never* to talk about it in front of your kids. It can cause a lot of confusion and anxiety.

    아이들 앞에서는 절대로 그것에 대해서 얘기하지 않도록 하세요. 그들에게 많은 혼란과 불안감을 줄 수 있어요.

                              * not 대신 never를 써서 더 강하고 단호하게 말할 수 있어요.

⊘ **무엇을 했다는 얘기를 한 뒤에 나오는 make sure of it은 '확실해/틀림없다니까/보장할게' 같은 의미로 쓰여요.**

• Don't worry. It'll be safe. I'll make sure of it.

    걱정하지 마. 안전할 거야. 내가 보장할게.

• I sent the email this morning. I made sure of it. I'm pretty sure she's seen it by now.

    오늘 아침에 이메일 보냈어. 확실해. 아마 지금쯤 봤을 거야.

• A: Are you sure you put in the correct address?

    주소 맞게 넣은 거 확실해?

  B: Yeah. I made sure of it. I checked and double checked.

    응. 확실하게 했어. 확인하고 또 확인했어.

★★☆
UNIT 08

We can't keep up with all the changes.
모든 변화를 다 따라갈 수는 없어.

▶ '따라가다'는 무조건 follow가 아니에요.

우리가 '따라가다'라고 할 때 가장 먼저 떠올리는 follow는 '누군가를 따라가다(follow someone)'나 '하라는 대로 따르다(follow the rules)'라는 의미가 강해요. 한편 비슷한 수준에 있는 사람에게 뒤처지지 않고 따라가는 것, 또는 지금 진행되고 있는 일들을 놓치지 않고 따라가는 것은 keep up with로 말하는 편입니다.

HOW IT'S USED 🔍 기본 예문으로 표현 익히기

- We can't keep up with all the changes.
  모든 변화를 다 따라갈 수는 없어.

- I couldn't keep up with the rest of the class.
  다른 애들을 못 따라가겠더라.

- They're struggling to keep up with their competitors.
  그들은 경쟁사들에게 뒤처지지 않으려고 애쓰고 있어요.

A So, what's new in AI?

요즘 인공지능 관련해서 뭐 새로운 거 있니?

B I haven't really been keeping up with the latest, but not a whole lot I think.

나도 최근 소식까지는 파악하고 있지는 않은데 별로 없는 것 같아.

A Maybe that's a good thing. I remember people saying that they need to slow down the development.

어쩌면 그게 좋은 일일 수도 있겠다. 개발 속도를 늦춰야 한다고 사람들이 그러던데.

B They're still saying that, but I think people are just overreacting. It's probably going to be like the Y2K scare back in the day.

지금도 그렇게 말하고 있는데 내 생각에는 그냥 오버하는 것 같아. 아마 예전 Y2K 사건처럼 될 것 같아.

- I must be getting old. I can't keep up with all the slang that people are using.

  내가 늙었나 봐. 사람들이 쓰는 은어(슬랭)를 못 따라가겠어.

- I'm not proud of this either, but how else are we going to keep up with our competitors?

  나도 이러는 게 자랑스럽진 않지만 경쟁자들을 상대로 뒤처지지 않으려면 달리 어떤 방법이 있겠어?

- I had a little hard time keeping up with the conversation, but I really enjoyed it nonetheless.

  대화를 따라가기가 좀 힘들긴 했어도 너무 즐거웠어요.

- I'm so busy with work these days that I can't even keep up with my favorite shows.

  요즘 일 때문에 너무 바빠서 좋아하는 TV 프로그램도 제때 못 봐.

✍ **따라가는 대상을 얘기하지 않을 때는 with 없이 그냥 keep up이라고 합니다.**

- We're almost there. Try to keep up.

  거의 다 왔어. 뒤처지지 말고 잘 따라와.

- Keep up the great work.

  잘하고 있어./계속 그렇게 하는 거야.

⊘ catch up on: 빠진 것을 채우거나 못한 것을 만회해서 따라잡다

- We have a lot of work to catch up on.

  우리 일이 많이 밀렸어. (직역: 따라잡아야 할 일이 많다.)

  > ★ '일이 밀렸다'는 표현은 이 외에 I have a lot to catch up on.
  > 또는 I have a lot of catching up to do.라고도 해요.

- The meetings are entirely recorded, so you can catch up on anything you might've missed.

  회의 내용은 전부 녹음되니까, 놓친 건 나중에 얼마든지 따라잡을 수 있어요.

⊘ catch up with: 앞서 가고 있는 '누구'를 따라잡다

- Come on. Let's get moving. We have to catch up with the others.

  자, 어서 가자. 다른 사람들을 따라잡아야 해.

⊘ fall behind: 뒤처지다

- Things are not looking good for them. They have fallen far behind their competitors.

  거기 상황이 좀 안 좋아 보여요. 경쟁사들한테 많이 뒤처져 있어요.

- Once you fall behind, it's really hard to catch up. So, do whatever you can to keep up.

  한번 뒤처지면 따라잡기 정말 힘드니까 어떻게든 따라가도록 해.

UNIT 09
★☆☆

This app keeps track of your location.
이 앱은 너의 위치를 추적해줘.

> ▶ 그냥 know와 keep track of는 느낌이 달라요.
>
> 식사마다 먹는 음식을 기록하고, 몸무게 변화를 매일 확인하고, 좋아하는 연예인의 활동을 꾸준히 추적하고 다니는 등의 행동을 보통 keep track of 한다고 말합니다. 다시 말해, 지속적으로 바뀌는 것을 파악하고 그 상태를 유지하는 것이라고 볼 수 있죠.

HOW IT'S USED 🔍 기본 예문으로 표현 익히기

- This app keeps track of your location.
  이 앱은 너의 위치를 추적해줘.

- You have to keep track of your expenses every day.
  매일 너의 지출에 대해 파악하고 있어야 해.

- You can't keep track of everything just by memory.
  모든 것을 기억만으로 다 파악할 수는 없어.

A Are you keeping track of everything you're eating like I asked you?

제가 요청한 대로 뭘 먹고 있는지 파악하고 있는 거죠?

B Yes. I may have lost track of one or two meals, but I've been doing my best. Here. I have it all on my phone.

네. 어쩌면 한두 끼니는 놓쳤을 수도 있는데 최선을 다 하고 있어요. 여기요. 제 핸드폰에 다 있어요.

A This will be valuable data later on. Make sure you keep track of every single thing you eat and drink.

이게 나중에 중요한 데이터가 될 거예요. 섭취하는 모든 음식과 음료를 일일이 파악하고 있어야 해요.

- This app does a really good job of keeping track of all your passwords safely.

  이 앱은 모든 암호를 안전하게 저장해주는 기능이 정말 뛰어나.

- It keeps track of your viewing pattern and gives you recommendations based on that.

  너의 시청 패턴을 파악하고 그걸 토대로 추천해 줘.

- If you're not organized, it's going to get really difficult to keep track of everything.

  정리를 잘 안 하면, 뭐가 뭔지 파악하기 정말 어려워질 거야.

- We learned some very basic survival techniques like how to keep track of your location and movement without any electronic devices.

  아무런 전자기기 없이 자신의 위치와 이동 경로를 파악하는 것 같은 아주 기본적인 생존 기술들을 몇 가지 배웠어요.

- Schools usually advise parents to keep track of how their children are doing in school and the best way to do that is to be in frequent touch with their teachers.

  보통 학교에서는 부모에게 자녀가 학교에서 어떻게 지내고 있는지를 잘 파악하고 있으라고 권고하는데, 그러기 위한 가장 좋은 방법은 선생님들과 꾸준히 소통하는 거예요.

✅ lose track of는 추적하던 정보의 흐름을 놓쳤을 때 씁니다.

- Sorry, I lost track of time.

  미안, 시간이 벌써 이렇게 된 줄 몰랐어.

- At some point, I just kind of lost track of* why I was doing it.

  어느 순간, 내가 왜 그렇게 하고 있었는지를 모르겠더라고.

  > * 맥락상 forgot을 써도 되지만 단순히 잊어버렸다기보다는
  > 목표와 연결돼 있던 끈이 끊겨버렸다는 느낌을 주려고 이렇게 표현했어요.

✅ 수식어를 활용해 keep track of의 의미를 확장할 수 있어요.

- The carrier keeps a very detailed track of the location of all
  their packages. You can get an hourly update on their website.

  그 운송업체는 모든 물품의 위치를 아주 상세하게 추적해. 웹사이트에 가면 시간대별로 업데이트
  를 확인할 수 있어.

- Keep good track of your things everybody. We constantly have
  people losing their belongings here.

  자기 물건 잘들 챙기세요. 여기서 사람들이 물건 분실을 수시로 해요.

- We're lucky we only lost a few this time. We need to start
  keeping better track of our equipment from now on.

  이번에는 운이 좋아서 몇 개만 잃어버렸지만, 앞으로는 장비 관리를 더 잘해야 돼.

UNIT 10

★☆☆

It's not about money.
중요한 건 돈이 아니야.

▶ it's about ~은 무엇이 핵심인지 이야기할 때도 써요.

내용이나 줄거리에 '관해' 말할 때 말고도 '중요한 건 ~다' '결국은 ~다'처럼 어떤 행동이나 취지, 핵심 목적에 대해서 말할 때도 it's about ~이라고 흔히 말합니다. 특히 일상에서 자주 쓰는 "중요한 것은 ~가 아니라 …다"라는 말은 it's not about ~. it's about ….이라고 표현되죠.

HOW IT'S USED 🔍 기본 예문으로 표현 익히기

- It's not about money. It's about sending a message.
  중요한 것은 돈이 아니라 메시지를 전하는 것이다. (영화 〈다크 나이트〉에서 조커의 대사)

- It's not about being perfect. It's about making progress.
  중요한 것은 완벽하게 하는 게 아니라 발전하는 거야.

Ⓐ How do you feel?

기분은 어때?

Ⓑ I feel great. I'm ready. How do I look?

좋아. 준비 됐어. 나 어때 보여?

Ⓐ You look like you're going to get the job. Remember what I said? It's not just about saying the right things.

합격할 것처럼 보여. 내가 한 말 잘 기억하고 있지? 대답만 잘하는 게 중요한 게 아니야.

Ⓑ Yeah, I remember. It's about making a strong first impression.

응 기억하고 있어. 중요한 건 강한 첫 인상을 주는 거라고.

Ⓐ Excellent. They're going to love you. Now go.

좋아. 널 아주 마음에 들어 할 거야. 어서 가.

PRACTICE ✎ 다양한 내용으로 연습하기

☑ **예문은 It's not about ~. It's about ⋯. 형식으로 제시했지만 항상 이렇게 같이 써야 하는 것은 아니에요.**

- When it comes to sleep, it's not about quantity. It's about quality.

  잠은 말이야, 양이 중요한 게 아니라 질이 중요한 거야.

- It's not about what method you use. It's about being persistent.

  어떤 방법을 활용하는지가 중요한 게 아니야. 포기하지 않는 끈기가 중요한 거야.

- It's not about how much money you make. It's about how you spend your money.

  돈을 얼마나 버는지가 아니라 돈을 어떻게 쓰는지가 중요한 거야.

- People often get so caught up in the methodology of learning another language, but it's not about what method you use. It's about how much you repeat it.

  사람들은 다른 언어를 배우는 데 있어서 방법론에 집착하는 경우가 많아. 하지만 어떤 방법으로 하는지가 아니라 얼마나 많이 반복하는지가 중요한 거야.

- I really hate the way ads are done nowadays. It's no longer about how well they introduce the products. It's more about which celebrities they get to promote them.

  난 요즘 광고하는 방식이 진짜 싫어. 더 이상 상품을 얼마나 잘 소개하는지가 아니라 어느 유명인사가 등장하는지에만 관심이 있는 것 같아.

⊘ it's all about: ~이 가장 중요하다

- It's all about how well you can adapt to new environments.
  가장 중요한 것은 새로운 환경에 얼마나 잘 적응할 수 있느냐야.

⊘ it's not about that: (앞서 언급한 것을 가리키며) 그게 중요한 게 아니다

- I know she's cute, but it's not about that.
  그 여자가 예쁘다는 것은 아는데 그게 중요한 게 아니잖아.

⊘ only/just ~ also를 써서 그것만 아니라 이것도 중요하다고 말할 수 있어요.

- Working hard is important, but it's not only about that.
  It's also about how efficient you are.
  열심히 일하는 것도 중요하지만 그것만 있으면 되는 게 아니야. 얼마나 효율적인지도 중요해.

⊘ it's about ~ that makes + <무엇> + <어떻게>라는 구성으로 '~이 무엇을 어떻게 만든다'라고 설명할 수 있습니다.

- It's not just about what he did. It's also about how he did it
  that makes this so concerning.
  그가 한 행동 자체만이 아니에요. 어떤 방식으로 그렇게 했는지 또한 매우 우려가 되는 부분이에요.

- It's not just about how much they stole. It's also about who
  they stole from that makes this scam especially cruel.
  그들이 얼만큼 훔쳤는지만 중요한 게 아니에요. 누구로부터 훔쳤는지 또한 이 사기 사건을 특히
  더 잔인한 것으로 만들고 있죠.

UNIT 11

★★☆

He does a good job of managing his money.

그는 돈 관리를 잘해.

 ▶ **be good at만 알면 되는 거 아니냐고요?**

I'm good at math.는 "난 수학을 잘해"라는 뜻이죠. 이처럼 be good at은 기술, 능력에 관해 말할 때 어울려요. 한편, 어떤 일이나 역할, 기능을 잘 수행한다는 맥락에서는 do a good job of+동사ing를 씁니다. 참고로 이 표현은 사람이 아닌 사물이나 서비스에 대해서도 쓸 수 있습니다.

HOW IT'S USED 🔍 기본 예문으로 표현 익히기

• As president of the club, he did a good job of managing the funds.
동호회 회장으로서 그는 돈 관리를 잘했어요.

• It does a good job of protecting your computer from malware.
악성코드로부터 여러분의 컴퓨터를 보호하는 기능을 잘해냅니다.

A Oh, this is a bug zapper, right? I've been looking to get one of these. How is it?

어, 이거 살충기지? 나도 이런 거 하나 사려고 알아보고 있는데. 어때?

B Well, it seems to do a good job of killing bugs.

뭐, 벌레 죽이는 일은 잘하는 것 같아.

A Does it do a good job of attracting them as well?

벌레를 잘 유인하기도 해?

B I can't really say. Bugs are attracted to light, right? I don't know if it's doing anything beyond that.

글쎄. 그건 잘 모르겠어. 벌레들이 원래 빛에 유인되는 거 맞지? 그 이상으로 뭘 하는지는 잘 모르겠어.

- I think they did a really good job of pacing the story.
  그들은 이야기를 적절한 속도로 정말 잘 전달한 것 같아.

- She did a really good job of keeping the passengers calm.
  그녀는 승객들을 안심시키는 역할을 아주 잘해냈어요.

- They did a very good job of capturing the essence of the 90's.
  90년대의 느낌을 아주 잘 살렸어.

- The new model does a much better job of dissipating heat.
  새 모델이 열을 분산시키는 일을 훨씬 더 잘해.

- Whoever wrote this did a good job of laying out the facts in an unbiased manner.
  누가 썼는지는 몰라도 편파적이지 않게 사실만 잘 정리했네.

TIP 옳고 그른 것과는 상관없어요

'잘하다'라고 우리말로 해석하는 과정에서 의미가 혼란스러운 경우가 있어요.

- She did a good job of hiding it from her family.
  그녀는 그것을 가족으로부터 잘 숨겼다.

여기서 '잘 숨겼다'는 '숨긴 것이 잘한 일이다'는 의미가 아니라 '숨기는 솜씨가 좋았다'는 의미예요. 이처럼 표현이 쓰이는 맥락을 생각하지 않고 기계적인 해석을 하면 오해가 자주 발생합니다.

⊘ 어떤 기능이나 역할을 잘 못했을 때

- He didn't do a very good job of hiding his tracks.

  그는 자신의 행적을 잘 감추지 못했어요.

- They're doing a poor* job of understanding their customers.

  그들은 고객들의 마음을 잘 이해하지 못하고 있어.

  > * bad라고 해도 될 것 같지만 실제로는 poor를 더 많이 써요.

⊘ 앞으로 어떤 역할이나 기능을 더 잘해야 한다고 말할 때

- We need to do a better job of staying organized* from now on.

  앞으로는 정리를 더 잘하면서 해야 돼.

  > * stay organized라고 하면 '정리된 상태를 유지하다',
  > 즉 다른 무엇을 하면서 정리한 상태를 유지한다는 의미예요.

⊘ 동사ing 가 아니라 명사가 나올 때는 of 대신 with를 쓰는 게 일반적이에요.

- They did a really good job with the special effects.

  특수 효과를 정말 잘 만들었어.

- They did a terrible job with the menu design.

  메뉴 디자인이 너무 별로야.

★ ★ ☆

UNIT 12

We can make use of the leftover later.
남은 건 나중에 활용할 수 있어.

▶ **make use of는 use와 조금 달라요.**

make use of를 사전에서 찾아보면 '이용하다/활용하다'로 나오는데요. 그러다 보니 use와 같다고 생각하기 쉬워요. 하지만 make use of는 '남기는 거 없이, 낭비하는 구석 없이' 활용한다는 의미가 내포되어 있습니다. 이런 기본 개념을 알고 나면 왜 다음 예문들에서 use가 아니라 make use of를 썼는지 이해될 거예요.

HOW IT'S USED 🔍 기본 예문으로 표현 익히기

- It's free. There's no reason not to make use of it.
  공짜잖아. 이용하지 않을 이유가 없어.

- Don't throw that away. We can make use of it later.
  그거 버리지 마. 나중에 활용할 수 있어.

- We can make use of the leftover ingredients from the pizza we made the other day.
  며칠 전에 피자 만들고 남은 재료를 활용할 수 있을 거야.

Ⓐ **Where should we put this?**

이건 어디에 둘까?

Ⓑ **Hmm. Good question. How about we move that table somewhere else? I think we can make use of that space.**

흠. 글쎄. 저 테이블을 다른 데로 옮기는 건 어떨까? 그 공간을 활용할 수 있을 것 같은데.

Ⓐ **Oh, that's a good idea.**

아, 그거 좋은 생각이네.

Ⓑ **Yeah. We hardly ever use that table anyway.**

응. 어차피 저 테이블은 거의 쓰지도 않으니까.

- We have all that space down in the basement. We should try to make use of it.

  지하에 그 많은 공간이 다 있잖아. 활용해봐야지.

- It's a great way to make use of all the extra plastic bags that you might have lying around.

  집에 남아도는 비닐봉투를 활용하기에 참 좋은 방법이야.

- I prefer to commute using public transportation. I can make use of the time to do some reading.

  저는 대중교통으로 출퇴근하는 걸 더 좋아해요. 그 시간을 활용해서 독서를 할 수 있거든요.

- I wish there was a way to make use of this. It seems like such a waste to just throw it out.

  이걸 활용하는 방법이 좀 있었으면 좋겠다. 그냥 버리기는 좀 아까운데.

- It's a shame that we hardly actually make use of the things we learned in school.

  학교에서 배운 것들을 실제로 활용할 일이 거의 없다는 게 참 안타까워.

TIP make use of의 발음

use가 동사로 쓰일 때는 [유즈]로 발음되지만, make use of에서 use는 명사로 쓰였기 때문에 [유쓰]로 발음해야 합니다.

✅ 수식어로 활용의 정도를 다양하게 표현할 수 있습니다.

- I feel like they made very good use of space.
  거긴 공간 활용을 정말 잘한 것 같아.

- We should've made better use of our time.
  시간 활용을 더 잘했어야 했어.

- She made terrible use of her talent. With her interpersonal skills, she could've built a successful business or something.
  그녀는 재능을 너무 썩혔어. 저런 대인관계 능력이라면 사업 같은 거 해서 성공할 수도 있었을 텐데.

✅ make the most out of 는 최대한으로 활용한다는 의미예요.

- Let's just focus on making the most out of what we have.
  일단은 있는 것을 최대한으로 활용하는 데만 집중하자.

- Opportunities like this don't come very often. We should try to make the most out of it.
  이런 기회는 자주 오지 않아. 최대한으로 이용해야겠어.

★★☆

**UNIT
13**

I bought ten-thousand-won's worth of apples.
사과를 만 원어치 샀어.

▶ **'만 원어치'를 영어로 어떻게 말할까요?**

이처럼 '일정 금액이나 시간의 양'을 말할 때 쓰는 표현이
worth of예요. 그래서 ten-thousand-won's worth of + 〈무
엇〉이라고 하면 그것을 '만 원어치' 샀다는 뜻이 돼요. worth
앞에 소유격을 써야 한다는 점을 주의해주세요.

HOW IT'S USED 🔎 기본 예문으로 표현 익히기

- I bought ten-thousand-won's worth of apples.
  사과를 만 원어치 샀어.

- We lost almost two weeks' worth of work.
  거의 2주 치의 작업량을 날렸어요.

- I got sixty-thousand-won's worth of gas for my car.
  차에 기름을 6만 원어치 넣었어.

A That's a lot of stuff.

뭐가 많네.

B Yeah. Well, it's about three-hundred-thousand-won's worth of groceries.

응. 뭐, 장을 30만 원어치 정도 봤으니까.

A Wow. That must be like a month's worth of stuff.

와. 그 정도면 한 달 치는 되겠는데.

B No. Actually, it's only about a week's worth. We're a big family. We burn through this much in less than a week.

아니. 사실은 일주일 치밖에 안 돼. 우리 집은 식구가 많아서 이 정도는 한 주도 못 가.

PRACTICE 🖉 다양한 내용으로 연습하기

✅ 일정 금액에 해당하는 양을 표현하는 법을 배워요.

- We ordered almost a hundred-thousand-won's worth of food.

  음식을 거의 10만 원어치 주문했어.

- He had several-million-won's worth of plastic surgery done in less than a year.

  그는 1년도 안 돼서 수백만 원짜리 성형수술을 받았어요.

✅ 일정 시간에 해당하는 양은 다음과 같이 말하는 편이에요.

- I took almost a year's worth of reading material*.

  거의 1년 치 읽을거리를 가져갔어요.

  * reading material은 책뿐만 아니라
  잡지, 논문 등을 포함하는 더 광범위한 읽을거리를 말해요.

- They stretched their two months' worth of supplies and lasted almost 6 months.

  그들은 2개월 치의 물품을 아껴 써서 거의 6개월을 버텼어요.

- Maybe if we had more people, but I'd say this is about three months'* work.

  사람이 더 있으면 모를까, 내가 보기에 이거는 3개월 치 정도의 작업량인데.

  * 작업량에 대해 말할 때는 이처럼 **worth of**를 생략하기도 해요.

✅ **kg / cm / m / gb(gigabyte)처럼 정확한 단위가 정해져 있는 것은 worth of 가 아니라 of 만 사용해요.**

- I paid for fifty liters of gas.
  50리터만큼의 기름값을 냈어.

- There is about two-hundred gigabytes of data.
  데이터가 대략 200기가바이트는 돼요.

- I eat about a hundred and fifty grams of meat every meal.
  나는 매 끼니마다 고기 150그램 정도 먹어.

✅ **'얼마만큼의 금전적 손해 또는 피해'라고 말할 때는 일반적으로 '(금액) + in damages'라고 합니다.**

- It's been said that the hurricane caused more than five-hundred-million won in damages.
  태풍에 의해 5억 원 이상의 피해가 발생한 것으로 알려졌어요.

✅ **마찬가지로 '얼마만큼의 벌금'이라고 말할 때는 '(금액) + in fines'라고 해요.**

- The company will be paying almost a hundred-million won in fines.
  그 회사는 거의 1억 원의 벌금을 내게 될 거예요.

★★☆

UNIT 14

It depends on the price.
가격에 따라 달라.

> **▶ depend on 하면 뭐가 떠오르세요?**
>
> 아마 많은 사람들이 I depend on my parents for financial support.(나는 부모님께 경제적으로 의존해.)처럼 '~에 의지하다/의존하다'라는 의미를 먼저 떠올릴거예요. 그런데 depend on은 어떤 변수나 상황에 따라 선택이나 결과가 달라진다고 말할 때도 많이 씁니다. 이번 강의에서는 이 두 번째 맥락에서 depend on의 활용을 익힐 거예요.

HOW IT'S USED 🔍 기본 예문으로 표현 익히기

- It depends.

  상황에 따라 달라.

- It depends on the day and time.

  요일과 시간에 따라 달라.

- It depends on a lot of things.

  여러 가지 변수에 따라 달라져.

A Do you think I should get a cordless vacuum?

무선 진공 청소기를 사는 게 좋을까?

B Maybe. But it depends.

어쩌면. 그건 상황에 따라 다른데.

A It depends on what? My budget?

무슨 상황에 따라? 내 예산?

B Well, that too. But it depends more on what you're going to use it for. From what I understand, cordless vacuums have noticeably weaker suction power and although battery performance has improved a lot, you're still running on battery. So, it really depends on your environment and how you're using it.

그것도 있지. 근데 그보다는 뭐에 쓸 거냐에 따라 다르지. 내가 알기로, 무선 청소기가 흡입력이 확실히 딸리는 편이고 배터리 성능이 비록 많이 좋아지긴 했어도 어쨌든 배터리로 돌아가는 거거든. 그래서, 사용 환경이랑 방식에 따라 좋을 수도 있고 안 좋을 수도 있어.

☑ **depend on + 간접의문문 형식은 정말 쓸 일이 많은 표현이에요.**

- It depends on what time we get there.

  몇 시에 거기 도착하는지에 따라 달라.

- That will depend on what the weather is like that day.

  그건 그날 날씨가 어떻냐에 따라 달라지겠지.

- It depends on whether or not it's legal.

  그게 합법적인 것인지 아닌지에 달려 있어.

  > * whether or not 문장 구성도 함께 연습해놓으면 정말 좋아요.
  > depend on과 함께 써서 '여부(~인지 아닌지)에 따라 달라진다'라고 말할 수 있어요.

☑ **It depends. 또는 That depends.는 기본적인 의미 외에도 맥락에 따라 다양하게 해석됩니다.**

- A: Hey, Joe and I are going to the movies tonight. Do you want to come?

  조랑 오늘 밤에 영화 보러 가는데. 너도 갈래?

  B: That depends. What time is the movie?

  글쎄. 영화가 몇 시인데?

- A: So, are you going to take the job?

  그래서 (제안받은 일 또는 일자리) 하겠다고 할 거야?

  B: Well, that depends.

  흠, 그건 두고 봐야 할 것 같아.

✐ **depending on을 '~에 따라서'라는 뜻을 가진 부사구로 활용할 수 있어요.**

- They go for around one to one point two million won in the secondhand market depending on the condition.

  그것들은 중고 시장에서 상태에 따라 100만~120만 원에 거래되고 있어.

- Depending on the time of day, it can take as little as 20 minutes to as long as an hour.

  시간대에 따라서, 적게는 20분에서 길게는 한 시간까지도 걸릴 수 있어.

- While the overall cost will vary depending on which agency you go through, the process is pretty much the same.

  어느 기관을 통해서 하는지에 따라 총 비용은 달라지겠지만, 절차는 거의 비슷해.

- You can't really draw a clear line between the hero and the villain in this movie. One could easily be the other depending on how you look at it*.

  이 영화에서는 영웅과 악당 사이를 명확히 구분할 수 없어요. 어떻게 보는지에 따라서 누구든 어느 쪽이 될 수 있어요.

  * **depending on how you look at it**은 '관점'에 따라서 달라질 수 있다고 얘기할 때 많이 쓰는 표현이에요.

★★☆
UNIT
15

I think we all knew it on some level.
우리 모두 어느 정도는 알고 있었어.

▶ **일상적으로 쓰는 '어느 정도'라는 말, 영어로는?**

이런 의미로 쓰는 대표적인 표현이 on some level입니다. 무엇을 아주 높은 수준으로는 아니더라도 적당한 수준에서 또는 약간의 정도로 무엇을 한다고 말할 때 자주 쓰는 말이에요. 보통은 '어느 정도는'이라는 해석이 어울리지만, 맥락에 따라 자연스러운 해석은 달라질 수 있어요.

HOW IT'S USED 🔍 기본 예문으로 표현 익히기

• I think we all knew on some level what was going on.
우리 모두 어느 정도는 무슨 일이 일어나고 있는지 알고 있었어.

• I think I've always been depressed on some level.
난 어느 정도는 늘 우울했던 것 같아.

Ⓐ I can't believe JP is getting divorced.

JP가 이혼을 하게 되다니 믿을 수가 없다.

Ⓑ Come on. Let's be honest. I think we all knew on some level this was going to happen.

에이. 솔직히 다들 이렇게 될 줄 어느 정도는 알고 있었잖아.

Ⓐ What? What do you mean?

뭐? 그게 무슨 소리야?

Ⓑ Well, maybe not this soon, but come on. Ever since they got together, it's always been a little shaky. Call me crazy, but I think even JP knew on some level.

뭐, 이렇게 빠를 줄은 몰랐겠지만, 에이 왜 그래? 걔네 처음 만나기 시작할 때부터 늘 좀 불안했잖아. 내가 미쳤다고 하겠지만 난 JP도 심지어 어느 정도는 알고 있었다고 봐.

PRACTICE ✐ 다양한 내용으로 연습하기

- I don't like to admit it, but I agree with her on some level.

  인정하기 싫지만 그녀가 어느 정도는 맞다고 생각해요.

- Yeah. I think I can understand where they're coming from* on some level.

  응. 그들이 어떤 마음에서 그렇게 말하는 건지 어느 정도는 이해할 수 있을 것 같아.

  > * where + 〈누구〉 + be동사 + coming from은 말과 행동의 근원이 어디서 오는지,
  > 즉 '(누가) 왜 그렇게 말하는지/행동하는지'라는 의미예요.

- We told them that we would take some time to think about it, but I think, on some level, we already have our minds made up*.

  시간을 좀 갖고 생각해보겠다고 말은 했는데 사실 어느 정도는 이미 결정을 한 것 같아.

  > * have one's mind made up은 마음 속에서 결정을 내린 상태를 말해요.

- You're going to think I'm crazy, but I feel sorry for them on some level.

  나보고 미쳤다고 하겠지만, 난 그 사람들이 어떤 면에서는 좀 안된 것 같아.

- They did such a good job developing the characters on that show. I feel like, no matter who you are, you could, on some level, relate to each and every single character on that show.

  그 시리즈에 등장하는 인물들 정말 잘 썼더라. 누구든지 그 시리즈에 나오는 모든 등장인물에 대해서 어느 정도는 다 공감할 수 있을 것 같아.

FURTHER USE 🖊 응용 및 심화 표현 배우기

⊘ to an extent는 '어느 정도까지만'처럼 제한의 의미를 강조할 때 많이 써요.

• I think the way they're dealing with the situation is smart and I believe it'll work, but only to an extent. It's a temporary solution at best if you ask me.

> 그들이 상황에 똑똑하게 대처하고 있고 효과도 있을 거라고 생각은 하지만 한계가 있어요. 제 생각에 이건 잘해도 임시 해결책에 지나지 않아요.

⊘ in some ways는 해석은 비슷하지만 정도나 양보다는 방식/방향/종류에 대해 얘기할 때 씁니다.

• Well, I think they're doing quite well in some ways, but they also have a lot of work to do in some other ways.

> 어떤 면에서는 아주 잘하고 있지만 또 어떤 면에서는 노력이 많이 필요한 것 같아요.

⊘ on many levels, in a lot of ways 등 다양한 응용 표현을 소개합니다. 해석은 맥락에 따라 '여러모로' '여러 방면에서' '여러 수준으로' 등으로 달라져요.

• That incident impacted our society on so many levels, it's difficult to say where it begins and where it ends.

> 그 일은 우리 사회에 너무 다양한 영향을 미쳐서 어디서부터 어디까지라고 말하기도 어려워요.

• Technology has certainly improved our lives in a lot of ways, but I can think of a number of ways it has created more challenges for us.

> 기술이 우리의 삶을 여러모로 개선시키긴 했지만, 더 많은 난관들을 만들어낸 부분도 몇 가지 생각나네요.

빨모쌤의
영어 업그레이드 팁

영어로 일기 쓰기, 오늘부터 실천하세요

영어 활용 능력을 키우는 데 있어서 일기 쓰기가 좋다는 걸 모르는 사람은 거의 없어요. 그런데 막상 쓰려고 하면 어떻게 해야 할지 막막하다는 이야기를 많이 들어요. 이렇게 일반적인 일기 쓰기가 어렵게 느껴진다면 다음과 같이 질문을 미리 정해 놓고 각각에 대해 두세 문장으로 간단하게 써보는 것을 추천합니다.

- 오늘 있었던 일 중 가장 인상적이었던 것은?
- 오늘 하고 싶었으나 못 한 것은?
- 오늘 할 생각이 없었으나 하게 된 것은?
- 오늘 하루 중 가장 아쉽거나 후회스러운 것은?
- 오늘 하루 중 가장 잘했다고 생각하는 것은?
- 평소와 달라진 것이나 새롭게 생긴 것은 없었는지, 특이한 것을 발견했는지?
- 내일이나 모레 또는 주말에 약속, 일정, 계획 같은 게 생겼는지? 무슨 내용인지?

가능하면 본인 스스로 질문을 만들어보세요. 그리고 뭔가 특별한 일을 써야 한다고 생각하지 마세요. 이런 생각이 일기 쓰기를 어렵게 만듭니다.

내용이 매일 같아도 상관없어요. 누군가에게 내 일기를 보여주고 잘 썼다고 해주길 바라는 게 아니잖아요? 대부분의 사람들은 매일의 일상이 비슷할 것이고, 그런 비슷한 일상이 일기 쓰기에서 오히려 장점으로 작용할 수 있어요. 언어를 배우는 데 가장 중요한 요소인 '반복'이 자동으로 이뤄지기 때문이에요.

일기를 쓰다가 영어로 모르는 단어나 표현은 그냥 한국어로 써놓고 지나가세요. 수시로 멈춰서 흐름이 끊기는 것을 피하기 위해서입니다. 그렇게 일기를 전체적으로 끝까지 작성한 후에 한국어로 남겨둔 단어나 표현을 찾아서 본문에 직접 고치지 말고 아래에 따로 나열해 적으세요. 이렇게 하면 자연스럽게 내가 모르는 단어와 표현이 정리되고, 나중에 펼쳐 봤을 때도 그것들만 금방 찾아볼 수 있습니다.

마지막으로 당부하고 싶은 말은, 교정을 받지 않고 쓰는 것에 거부감을 느끼지 말라는 거예요. 이미 앞에서 설명했지만 틀려도 되니 그냥 하세요. 여러분의 실력을 평가하려고 일기 쓰기를 시키는 게 아니에요. 영어와 함께 보내는 시간을 늘리기 위해서 하는 것임을 잊지 마세요.

CHAPTER 5

뉘앙스가
살아나는
한끗 표현

UNIT 16

★★☆

There's a part of me that feels guilty.

한편으로는 죄책감이 들어.

▶ 내 안에는 여러 가지 마음이 있어요.

there's a part of me that ~을 직역하면 '~한 나의 일부가 있다'라는 뜻입니다. 그래서 나의 주된 마음이나 생각은 아니지만 '한편에는 ~한 마음이나 생각이 있다'라는 의미가 되는거죠. 선택이나 결정을 내리는 과정에서 겪는 내적 갈등이나 그로 인한 아쉬운 마음을 표현할 때 자주 쓰는 표현이에요.

HOW IT'S USED 🔍 기본 예문으로 표현 익히기

• I know it's not my fault, but there's still a part of me that feels guilty.

내 탓이 아니라는 것은 알지만, 한편으로는 계속 죄책감이 들어.

• I don't think of myself as a religious person, but there's a part of me that wants to believe.

스스로 종교인이라고 생각하지는 않지만, 믿고 싶은 마음도 있어.

A How can you let that man talk to you like that? You should've said something.

넌 어떻게 저 남자가 그렇게 말하게 그냥 둘 수 있니? 뭐라고 했어야지.

B Why would I say anything? That's probably exactly what he wanted.

뭐하러 대꾸를 해? 저 사람은 딱 그걸 바랐을 텐데.

A Wow. I don't know how you keep your cool* in a situation like that.

와. 저런 상황에서 넌 어떻게 참는지 모르겠다.

B Of course, there's always a part of me that would love to just go off on people** like that. But I know that would never end well.

물론, 저런 사람한테 쏘아대고 싶은 마음이야 항상 있지. 하지만 그게 절대로 좋게 끝날 리가 없잖아.

* keep one's cool은 '이성을 잃지 않고 평정심을 유지하다'라는 뜻이에요.
** go off on someone은 '누구에게 버럭 화를 내다'라는 뜻이에요.

- I knew it wasn't the safest move, but I think there was a part of me that wanted to be impulsive for once.

  가장 안전한 선택이 아닌 건 알고 있었는데, 한 번쯤은 충동적이고 싶은 마음도 있었던 것 같아.

- I know this is the right thing to do, but I know there will always be a part of me that will regret it.

  이게 옳은 일이라는 것은 알지만, 후회하는 마음은 평생 남아 있을 거야.

- I'm pretty happy with where I am in life, but there is a part of me that wonders what I would do if I could do it all over again.

  내 인생에 있어서 현재에 꽤 만족하는 편이지만, 처음부터 다시 인생을 산다면 어떻게 할지 궁금한 마음도 있어.

- Of course, there's a part of me that wants to put all this behind and move on, but wouldn't that be selfish? It just doesn't feel right for someone in my position to stay silent.

  물론 이 모든 걸 뒤로 하고 그냥 살아가고 싶은 마음도 있지만, 그러면 이기적인 것 아닐까? 지금 내 상황에서 침묵하고 있는 건 옳지 않은 느낌이야.

☑️ **always, small 같은 수식어를 써서 그런 마음이 얼마나 오래 지속되었고, 어느 정도 크기인지 구체적으로 말해봅시다.**

- There's always a very small part of me that wishes I could just disappear for a while.

  한동안 그냥 사라져버리고 싶은 마음도 늘 아주 조금은 있어.

☑️ **a – another / a – bigger / small – big 같은 조합으로 마음의 양면을 모두 얘기해요.**

- There's a part of me that understands Mr. Castro can't make everyone happy, but I feel like there's another part of me that always resents him.

  카스트로 씨가 모두를 만족시킬 수 없다는 걸 이해는 하지만, 한편으로는 그를 원망하는 마음이 늘 있는 것 같아.

☑️ **there is와 that 없이 a part of me만 주어로 쓰기도 합니다.**

- I'm not going to lie. A part of me wants to just quit and forget the whole thing ever happened, but another part of me knows I'll regret it if I don't see it through.

  거짓말하지 않을게. 그냥 포기하고 이 모든 것을 없던 일로 하고 싶은 마음도 물론 있지. 하지만 끝까지 하지 않으면 후회할 거라는 것도 알고 있어.

☑️ **part 대신 side를 써서 성격이나 성향에 대해 '~한 면이 있다'라고 말할 수 있어요.**

- I'm sure there's a side of him that enjoys the challenge. Otherwise, he would never have achieved as much as he has.

  그에게는 도전 자체를 즐기는 면이 분명히 있을 거야. 안 그랬으면 그만큼 이루지 못했겠지.

★★☆
UNIT 17

It's one of those days.
그런 날인가 보네.

 ▶ **원래 세상이 그런 거잖아요.**

"그런 날인가 봐" "살다 보면 그런 일도 있지" "그런 사람들이 원래 그래" 같은 말 많이 하죠? 이처럼 흔히 보고 경험하게 되는 '그런 것/사람/일/날'을 말할 때 one of those를 쓸 수 있습니다. 여기 서 복수형 those는 많고 흔하다는 것을, one of는 그중 하나이 니 특별할 것 없다는 것을 의미합니다.

HOW IT'S USED 🔍 기본 예문으로 표현 익히기

A: Wow. You certainly are in a good mood today.
   와, 너 오늘 기분 엄청 좋아 보이네.

B: I am?
   그래?

A: Yeah. What's up?
   응. 무슨 일 있어?

B: Nothing. I guess it's one of those days.
   없는데. 그냥 그런 날인가 봐.

A Wait. Your bag.

잠깐. 네 가방.

B Oh, right. Thanks. So, I'll see you at four?

아, 맞다. 고마워. 그럼 4시에 보는 거지?

A Two.

2시.

B What?

응?

A We said two o'clock, remember? At first, we said four. Then we said we should meet at two.

2시라고 했잖아. 기억 안 나? 처음에 4시라고 했다가 2시에 만나자고 했잖아.

B Of course. Sorry. OK. Then I'll see you later at two.

그렇지 참. 미안. 알았어. 그럼 이따가 두 시에 보자.

A Wait. Wait. Isn't this your phone?

잠깐. 잠깐. 이거 네 폰 아니야?

B Argh. What is wrong with me today?

어휴. 나 오늘 왜 이러지?

A I guess it's one of those days.

오늘 그런 날인가 보지 뭐.

- Don't mind her. She's just one of those people.

  걔는 신경 쓰지 마. 어딜 가든 저런 사람들 있잖아.

- Hey, it's just one of those things. Forget about it, OK?

  야, 살다 보면 있는 일이야. 그냥 잊어, 알았지?

- All right! I am on a roll* today! I guess it's one of those days.

  좋아! 나 오늘 좀 하는데?! 오늘은 그런 날인가 봐.

  * be on a roll은 하는 일마다 성공하는 여세가 이어지고 있는 상태를 표현해요.

- I'm just upset about this morning. My boyfriend and I had a little argument. It was just one of those things, you know?

  오늘 아침에 있었던 일 때문에 그냥 속상해서. 남자친구랑 좀 다퉜거든. 그냥 그런 거 있잖아.

- Hmm. I'll bet it's one of those places, you know?

  흠. 내가 장담하는데 아마 그런 곳일 거야.

TIP 보면 쉬운데 막상 말로 나오지 않는 표현

이처럼 단어도 어렵지 않고 해석도 일정한 표현들은 눈으로 보고 '나 이거 알아'라고 착각하기 쉽습니다. 하지만 막상 쓰려고 하면 잘 안 나올 거예요. 반드시 입으로 소리 내어 연습하세요.

- It's just one of those days
  [이쓰쩌워너도우스 – 데이스]
- It's just one of those places
  [이쓰쩌워너도우스 – 플레이씨스]
- It's just one of those things
  [이쓰쩌워너도우스 – 띵스]
- He's/She's just one of those people
  [히스/쉬쓰쩌워너도우스 – 피쁠]

✅ **관계절을 활용해 '그런 게 뭔지' 더 구체적으로 얘기할 수 있습니다.**

- Don't mind her. She's just one of those people that think everything is a competition.

  걔는 신경 쓰지 마. 모든 것을 경쟁으로 생각하는 그런 사람이니까.

- Hey, it's just one of those things in life that you have no control over. Stop beating yourself over it.

  야, 살다 보면 네가 통제할 수 없는 그런 일도 있는 거야. 그만 자책해.

- I can't explain it, but I'm having one of those days where I feel like I have all the answers. So just trust me on this.

  내가 설명을 못하겠는데, 오늘은 왠지 모든 것에 대한 정답을 다 가지고 있는 것 같은 그런 날이 거든. 그러니까 이건 나만 믿어.

- I'm just upset about this morning. My boyfriend and I had a little argument. It was just one of those things that you fight over for nothing, you know?

  오늘 아침에 있었던 일 때문에 그냥 속상해서. 남자친구랑 좀 다퉜거든. 아무것도 아닌 것 가지고 싸우는 그런 거 있잖아.

- Hmm. I'll bet it's one of those places that dazzle you with their fancy name and introduction, and then serve you really crappy food.

  흠. 내가 장담하는데 화려한 이름이랑 소개로 꼬신 다음에 완전 별로인 음식 주는 그런 곳일 거 야.

★★★

UNIT 18

It's not a bad idea in and of itself.
아이디어 자체는 나쁘지 않아.

▶ '그것만 놓고 보면'을 영어로 어떻게 말할까요?

in and of itself는 '그 자체만 놓고 보면' '그 자체만으로는'이라는 뜻입니다. 의미만 놓고 보면 그냥 itself로 바꿔 말해도 크게 문제되진 않지만, 강조를 위한 표현이라 전체를 그대로 말하는 경우가 흔해요. 외부의 것을 신경 쓰거나 고려하지 않고 그것만 독립적으로 본다는 느낌이 있어요.

HOW IT'S USED 🔍 기본 예문으로 표현 익히기

- It's not a bad idea in and of itself.
  아이디어 자체는 나쁘지 않아.

- What she did wasn't a problem in and of itself. It was just very bad timing.
  그녀가 한 일 자체가 문제는 아니었어. 타이밍이 안 좋았던 거지.

DIALOGUE 💬 일상 대화 속에서 활용 감각 키우기

A Wow. There's a state in the U.S. that passed a law restricting minors from using social media without their parents' consent.

와. 미국의 어느 주는 미성년자가 부모 동의 없이는 SNS 사용을 제한하는 법을 통과시켰대.

B I had a feeling this was going to happen sooner or later.

언젠가는 그럴 것 같더라.

A It's a real shame though, right? Because social media, in and of itself, is a tool for communicating and a really effective one, too.

진짜 안타깝다, 그렇지? SNS는 그 자체만 놓고 보면 소통을 위한 도구일 뿐이잖아. 그것도 아주 효과적인 도구.

B Right. But companies get greedy and people lose control.

그렇지. 하지만 회사는 욕심을 내고 사람들은 통제력을 잃기 마련이지.

A I've even heard some experts compare it to drugs.

어떤 전문가들은 마약과도 비교를 하더라고.

- It's a great idea in and of itself, but we have to take our current timeline into consideration.

  아이디어 자체는 훌륭한데 우리의 현재 일정도 고려해야 돼.

- I'd say their apology isn't all that significant in and of itself, but it's a good start. We'll see where it goes from here.

  그들의 사과 자체만으로는 대단한 건 아니지만 좋은 시작이긴 해. 앞으로 어떻게 하는지 보자고.

- It was a very smart decision in and of itself. But the timing and other conditions just made it impossible to avoid what was coming.

  그 자체만 놓고 보면 정말 잘한 결정이었어요. 하지만 타이밍과 다른 조건들이 안 좋아서 상황을 모면할 수는 없었어요.

- Consulting a fortune teller isn't bad in and of itself. It's when you allow it to make important life decisions that it becomes a problem.

  점 보는 것 자체가 나쁜 건 아니에요. 하지만 점으로 인생의 중요한 결정을 내린다면 그건 문제가 되죠.

TIP in and of itself와 fundamentally

의미적으로 '그 자체만으로'와 '본질적으로'를 자로 잰 듯 구별하기 쉽지 않습니다. 바꿔 써도 괜찮은 맥락이 있기도 하고요. 하지만 첫 번째 예문에서 "아이디어가 본질적으로는 괜찮아."라고 해보면 알 수 있듯, 두 표현은 활용의 차이가 있어요. 이걸 구분하는 감은 머리가 아니라 시간에 걸친 경험으로만 터득 가능해요.

FURTHER USE ✏️ 응용 및 심화 표현 배우기

⊘ alone: 그것만 (해도)

- Getting everything downstairs alone will take at least 2 hours.

  짐을 다 아래층으로 옮기는 것만 해도 최소 두 시간은 걸릴 거예요.

⊘ 여기서 alone을 쓰면 '혼자'로 해석해도 말이 되기 때문에 오해의 여지가 있습니다. 이런 경우 alone 대신 on its own을 쓰는 걸 자주 볼 수 있어요.

- It's amazing how some people manage to keep a full-time job while raising children. Being a parent seems hard enough on its own.

  아이들을 키우면서 직장을 유지하는 사람들 보면 정말 대단해. 부모인 것만 해도 충분히 어려울 것 같은데 말이야.

⊘ in its own right: 나름대로

- The movie never won any awards, but it was a huge success in its own right. It's well known for being one of the most successful low-budget blockbusters.

  그 영화는 상을 타거나 그러지는 않았지만, 나름대로 대성공이었어. 가장 성공적인 저예산 블록버스터 중 하나로 꽤 알려져 있지.

⊘ per se는 in itself, in and of itself와 의미적으로 동일한 라틴어인데, 가끔 이렇게 라틴어가 일상적인 표현으로 굳어진 경우가 꽤 있어요.

- The problem isn't AI or the technology per se, but how people decide to use it.

  문제는 인공지능이나 그 기술력 자체에 있는 게 아니라, 사람들이 그걸 어떻게 사용하기로 하는지에 있는 거지.

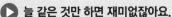

★☆☆

UNIT 19

I'm going to do some reading for a change.

오랜만에 책 좀 읽어볼까 봐.

▶ **늘 같은 것만 하면 재미없잖아요.**

그래서 "한번/오랜만에 ~해볼까?" 같은 말을 일상적으로 하게 되는데, 이걸 영어로 for a change라고 하는 것을 자주 들을 수 있습니다. '변화를 위해'라고 직역되는 것처럼 실제 대화에서도 특별한 이유 없이 늘 하던 방식에서 벗어나 새로운 걸한다는 맥락에서 써요. 해석은 '한번' '오랜만에' 등으로 상황에 맞게 하면 돼요.

HOW IT'S USED 🔎 기본 예문으로 표현 익히기

- I've been playing computer games too much lately.
  I'm going to do some reading for a change.
  최근에 컴퓨터 게임을 너무 많이 했어. 오랜만에 책 좀 읽어볼까 봐.

- I go jogging in the park all the time. So, yesterday,
  I went for a jog around the neighborhood for a
  change.
  전 조깅하러 늘 공원에 가거든요. 그래서 어제는 동네 주변을 한번 달려봤어요.

A What do you want for breakfast?

아침 뭐 먹을래?

B I was thinking today maybe we could go out for a change.

오늘은 한번 나가서 먹어보면 어떨까 하는데.

A Really? Where?

정말? 어디?

B I heard about this place that just opened called Billy Bears. Nothing fancy. But apparently, they have really good pancakes.

빌리 베어스라고 오픈한 지 얼마 안 된 곳이 있다고 들었거든. 고급스러운 데는 아닌데 팬케이크가 정말 맛있대.

A Sounds good. Let me just get my keys.

좋아. 열쇠만 챙기고.

B Actually, how about we walk for a change? It's not that far.

오랜만에 좀 걸으면 어떨까? 그렇게 멀지도 않은데.

A Walk? You? Really? What's gotten into you today? Did you do something wrong?

걸어 간다고? 당신이? 진짜? 오늘 웬일이야? 당신 뭐 잘못한 것 있어?

PRACTICE ✎ 다양한 내용으로 연습하기

⊘ **for a change는 문장 맨 끝에 옵니다.**

• I'm thinking of getting* an Android phone for a change. I've only used iPhones.

안드로이드 폰을 한번 사볼까 하고 있어. 아이폰만 써봤거든.

> * think of + 동사ing는 '~하는 것을 생각 중이다(고려 중이다)'라는 뜻이에요.

• It would be nice to spend some time outdoors for a change. I'm sure my kids would love it.

오랜만에 밖에서 시간을 좀 보내는 것도 좋을 것 같아. 아이들이 정말 좋아할 거야.

• Let's go to a casual place for a change. I know this* nice, retro-style burger place in that area.

오랜만에 캐주얼한 데로 가자. 그 동네에 괜찮은 복고풍의 햄버거 가게를 알거든.

> * 실제 회화에서는 이렇게 a 대신 this를 써서,
> 이 소재에 관해 앞으로 이야기하겠다는 신호를 보내요.

• Why don't you let your hair grow for a change? You've never worn it long, right? Aren't you curious?

머리 한번 길러보면 어때? 한 번도 길러본 적 없지? 궁금하지 않아?

• How about* we camp out for a change? It's been a while, hasn't it? I don't know about you, but I'm kind of sick of hotels.

오랜만에 야영이나 해볼까? 한 지 좀 됐지? 넌 어떤지 모르겠지만 난 호텔에 좀 질렸어.

> * How about 다음에 무조건 명사나 동명사가 온다고 생각하기 쉬운데
> 이처럼 평서문이 오기도 해요.

🖉 **for a change가 변화를 위한 선택이라면 just for the heck of it은 특별한 이유 없이 심심해서 그냥 해봤다는 뜻이에요.**

- I decided to respond to every email I get today, just for the heck of it. Even spam mails.

  오늘은 그냥 한번 모든 이메일에 답장을 하기로 했어. 심지어 스팸 메일에도.

- Hey, you know that *gimbap* place we never go to because it's so dirty. How about we go there today? Just for the heck of it.

  야, 그 왜, 너무 더러워서 우리가 절대 안 가는 김밥집 있잖아. 오늘 그냥 거기 한번 가볼까?

- Today, I tried being extra nice to everybody I came in contact with, just for the heck of it, and you know what? It actually felt really nice.

  오늘 마주치는 모든 사람들에게 완전 친절하게 그냥 한번 대해봤거든. 근데 기분 좋더라.

🖉 **Just for the heck of it을 이렇게 대답할 때 독립적으로 쓸 수 있습니다.**

- A: You know you don't have to do that here.

  여기서는 안 그래도 되는 거 알지?

  B: I know.

  알아.

  A: Then why did you tip the waiter?

  그러면 웨이터한테 왜 팁을 준 거야?

  B: Just for the heck of it.

  그냥 (한번 해 봤어).

Can you really pull that off?

★★☆
UNIT 20

정말 할 수 있겠어?

▶ "해냈어!"를 영어로 어떻게 말할까요?

We finally did it! 아니면 We made it! 같은 말을 생각했나요? 그것도 좋지만, 그 일이 어렵고 까다로운 일이라면 pull off를 써보세요. 문제가 될 만한 일을 걸리지 않고 해냈을 때는 get away with가 잘 어울린답니다.

HOW IT'S USED 🔍 기본 예문으로 표현 익히기

• Seems very tricky.* Do you think you can really pull that off?

엄청 어려울 것 같은데. 정말 할 수 있겠어?

> * 이처럼 주어 it을 생략하는 경우가 실제 회화에서는 정말 많아요.

• I can't believe he got away with that for so long.

그가 그렇게 오랫동안 걸리지 않고 그랬다는 걸 믿을 수 없어.

Ⓐ **Hey, Steven. How about some poker tomorrow night?**

야, 스티븐. 내일 밤 포커 어때?

Ⓑ **No can do, my friend. I got dinner plans with my parents. I got an 8 o'clock reservation at Louie's.**

안 돼. 부모님이랑 저녁 약속 있어. 루이스에 8시 예약이야.

Ⓐ **Louie's on a Friday night? How did you pull that off?**

금요일 밤에 루이스라고? 어떻게 한 거야?

Ⓑ **What do you think?**

뭐겠어?

Ⓐ **You're kidding, right? You made the reservation under a celebrity's name again? There's no way you're going to get away with it this time. You're going to get blacklisted.**

장난이지? 또 연예인 이름 대고 예약 잡은 거야? 너 이번에는 그냥 못 넘어갈걸. 너 블랙 리스트에 오른다.

Ⓑ **We'll see.**

두고 보면 알겠지.

✅ pull off는 명사 또는 명사구로 이어져요.

- Nobody thought he would be able to pull off that stunt.

  그가 그 묘기를 성공적으로 해낼 거라고는 아무도 생각하지 못했어요.

- If we manage to pull off this business deal, we'll be set for the next couple of years.

  우리가 이번 일을 성사시키는 데 성공하기만 하면, 앞으로 몇 년은 보장되는 거야.

- We got lucky last time. I'd be surprised if we could pull off something like that again.

  지난번에는 운이 좋았어. 그런 일을 또 해내기는 어려울 거야.

- The team pulled off a miracle by coming back from a 20 point deficit and winning the game.

  그 팀은 20점 벌어진 것을 따라잡고 이기는 기적을 이루어냈다.

TIP do/make it/pull it off의 차이

다음 세 문장의 의미 차이가 느껴지시나요?

- Can you really do that?
- Can you really make it?
- Can you really pull it off?

do는 단순히 하는 거고, make it은 어떤 성공적인 지점에 이른다는 거예요. 그리고 pull off는 그 일이 정말 힘들고 까다롭다는 걸 말해줍니다.

⊘ **get away with 는 명사 또는 동사ing로 이어져요.**

• You'll never get away with this!

   네가 이러고도 무사할 줄 알아! (직역: 걸리지 않고 절대 그냥 넘어갈 수 없을 거야!)

• They may have gotten away with it before, but not this time.

   전에는 그러고도 넘어갔을지 몰라도 이번에는 안 될 거야.

• How do they keep getting away with it? Aren't there laws against that?

   계속 그러면서도 어떻게 문제가 안 돼? 그거에 대한 법이 없어?

• Just tell Mr. Zeigler you have a family emergency. I'm pretty sure you can get away with that.

   지글러 씨한테 그냥 급한 집안일이 생겼다고 말씀드려. 그러면 넘어갈 수 있을 것 같은데.

• I think we can get away with using just two instead of all three.

   세 개 다 쓰지 않고 두 개만 써도 문제가 되지는 않을 것 같아.

TIP **get away with의 다양한 해석**

pull off 는 '~을 해내다'로 해석이 일정한 편이지만, get away with는 조금 더 다양합니다. 맥락에 따라 '~을 하고도 괜찮다' '걸리지 않고 ~을 하다' '들키지 않고 ~을 해내다' '~을 하고도 무사히 넘어가다' 등으로 해석할 수 있어요.

UNIT 21

★ ☆ ☆

I got just the thing.
나한테 딱 좋은 게 있어.

▶ **'딱 그런 거'라는 말을 영어로 표현할 수 있을까요?**

그것이 어떤 물건이라면 영어로 just the thing이라고 하면 됩니다. 만약 상대방이 말하는 조건에 잘 맞는 '사람'을 알고 있으면 just the guy라고 하면 되고, '장소'를 알고 있으면 just the place라고 하면 되고요. 단어와 구성이 쉬워서 배워서 바로 쓸 수 있는 유용한 표현이에요.

HOW IT'S USED 🔍 기본 예문으로 표현 익히기

A: Does it have to be short?

짧아야 해?

B: No. That doesn't matter.

아니. 그건 상관없어.

A: Then, I got just the thing.

그럼 나한테 딱 좋은 게 있어.

A Do you know any good restaurants in Suwon? Nothing too trendy, a bit low key, but someplace nice.

수원에 괜찮은 식당 혹시 알아? 너무 트렌디한 데 말고 좀 조용하면서, 그러면서 좋은 데.

B Are you taking your girlfriend there?

여자 친구 데리고 가는 거야?

A No. Just my parents. It's my dad's 70th birthday.

아니. 부모님. 아빠 칠순이시거든.

B Hmm. I think I know just the place then. I don't know if they're still in business in that area, but let me check.

흠. 그러면 딱 좋은 데를 알 것 같아. 아직 거기서 영업을 하는지 모르겠는데 확인해볼게.

A Thanks! I just need to pick out a gift. Any ideas?

고마워! 이제 선물만 고르면 되겠다. 뭐가 좋을까?

B I don't know. Jane's mother recently celebrated her 70th birthday. Ask Jane.

난 모르겠는데. 최근에 제인 어머님이 칠순이셨다고 했어. 제인한테 물어봐.

- I **know** just the place.
  (지금 말하는 조건에) 딱 좋는 곳을 알아.

- I **found** just the thing.
  (지금 필요한 용도에) 딱 맞는 걸 찾았어.

- I **know** just the guy.
  (지금 말하는 일에) 딱인 사람이 있어.

- I **got** just the book.
  (지금 말하는 조건에) 딱 맞는 책이 나한테 있어.

- I **thought of** just the song.
  (지금 분위기에) 딱 좋은 노래가 생각났어.

T I P just the는 just the right과 같아요

사실 just the는 just the right의 줄임말이라고 볼 수 있어요. 둘 다 원어민이 정말 자주 쓰는 표현이에요.

- I know <u>just the</u> place. = I know <u>just the right</u> place.
  내가 딱 좋은 곳을 알아.

✅ **관계절을 써서 어떤 상황이나 조건에 딱 맞는 건지 구체적으로 설명할 수 있어요.**

- I know just the place where we can find something like that.

  그런 거 찾기 딱 좋은 곳을 알아

- I found just the thing that would go well with that.

  그거랑 딱 어울릴 만한 것을 찾았어.

- I know just the guy you can talk to* if you need some repairs done around your home.

  너희 집에 수리할 거 있으면 딱 맞는 사람을 알고 있어.

  > * someone you can talk to는 단순히 '대화할' 사람이 아니고,
  > '어떤 일을 해주거나 정보를 줄 수 있는 사람'이에요.

- I got just the book that has the information you're looking for.

  네가 찾는 정보가 들어 있는 딱 좋은 책이 나한테 있어.

- I thought of just the song that would cheer you up.

  네 기분을 풀어줄 딱 좋은 노래가 생각났어.

★★★

UNIT 22

Let's start from the very beginning.

맨 처음부터 시작하자.

▶ '맨 처음'을 영어로는 어떻게 말할까?

the most beginning? the best beginning? 영어에서는 the very beginning이라고 해요. 이처럼 very는 최상급을 표현할 때도 쓰고 '바로 그거'라고 강조할 때도 씁니다. 지금까지 '매우/아주'라는 뜻으로만 알고 있었다면, 열린 마음으로 very의 다양한 의미와 활용을 만나보세요.

HOW IT'S USED 🔎 기본 예문으로 표현 익히기

- Let's start from the very beginning.

  맨 처음부터 시작하자.

- That was the very last time I saw her.

  그게 내가 걔를 본 (가장) 마지막 순간이야.

- We left the very next day.

  우리는 바로 다음 날 출발했어요.

DIALOGUE 💬 일상 대화 속에서 활용 감각 키우기

A When did you two meet?

둘이 언제 만난 거야?

B Well, the very first time was in 2010 at my brother's wedding, but it was at my nephew's first birthday party that we got to know each other.

가장 처음 만난 것은 2010년, 우리 형 결혼식에서였어. 근데 좀 친해지게 된 것은 조카의 돌잔치에서였고.

A How did that happen?

어떻게 그렇게 된 거야?

B I think we were the very first guests to arrive and we got to talking. I guess that was late 2011.

아마 하객 중에 우리 둘이 가장 먼저 도착해서 얘기를 하게 됐던 것 같아. 그게 2011년 말 이었을걸.

A I see. And you got married the very next year.

그랬구나. 그리고 바로 다음 해에 결혼한 거고?

B That's right.

맞아.

✅ very의 활용 ① 시간과 관련된 최상급을 표현하기

- Let's go back to the very beginning.

  처음부터 다시 시작하자.

- This is the very first time something like this has happened.

  이런 일이 생긴 것은 이번이 (가장) 처음입니다.

- I waited until the very last moment before raising my hand.

  나는 마지막 순간까지 기다렸다가 손을 들었어.

✅ very의 활용 ② 장소, 위치와 관련된 최상급을 표현하기

- It was at the very bottom of the pile

  맨 밑에 깔려 있었어.

- Our seats are at the very end of this row.

  우리 자리는 이 열의 맨 끝에 있어.

- Once you leave the queue, you have to go to the very end of the line.

  한번 줄에서 이탈하면, 다시 설 땐 맨 뒤로 가야지.

⊘ very의 활용 ③ '바로 그거'라고 강조하기

- **I realized something at** that very moment.
  바로 그 순간 깨달은 게 있었어요.

- **That was** the very reason **he decided to quit his job.**
  그가 일을 그만두기로 한 게 바로 그 이유예요.

- **When she was asked how she felt, she said** these very words*.
  기분이 어떤지 질문을 받았을 때 그녀는 바로 이렇게 말을 했어요.

  > * these <u>exact</u> words라고 하면 정확히 한 말을 가리키게 되고요.
  > these <u>very</u> words라고 하면, 바로 그때 이런 의미 있는 말을 했다고 강조하는 거예요.

- **It was at** this very location* **that Mr. Resnik came up with the million-dollar idea.**
  레즈닉 씨가 백만 달러짜리 아이디어를 생각해낸 곳이 바로 여기였어요.

  > * 마찬가지로, this <u>exact</u> location이라고 해도 되지만,
  > this <u>very</u> location이라고 함으로써 장소의 특별한 의미가 강조돼요.

- **I'm so proud of the work that you have all done. It was** the very definition of* **'teamwork.'**
  여러분 모두가 한 일이 너무 자랑스럽습니다. 팀워크의 정석을 제대로 보여줬어요.

  > * the very definition of + 〈무엇〉이라고 하면 '무엇'의 본보기라고 할 만한 것,
  > 즉 '정석' 같은 걸 말해요.

UNIT 23

★★☆

I happen to have some time right now.

마침 지금 시간이 좀 있어.

▶ '마침' '혹시' '하필' 같은 말을 영어로 어떻게 할까요?

이럴 땐 happen to를 써서 어떤 일에 우연한 요소가 있다는 걸 표현할 수 있어요. 단, 이 표현을 '마침' '하필' 같은 해석과 100% 일치한다고 생각하고 쓰는 건 조심해야 합니다. 우연성을 담은 다른 해석도 가능하기 때문에 간단해 보여도 제대로 배우고 익히는 데 어느 정도의 시행착오가 필요해요.

HOW IT'S USED 🔍 기본 예문으로 표현 익히기

- I happen to have some time right now.
  마침 지금 시간이 좀 있어.

- I just happen to be in the area.
  마침 그 근처에 있어.

- I happen to have an extra one at home.
  마침 집에 남는 게 하나 있어.

A How did you two meet?

둘이 어떻게 만났어요?

B I think it was around this time last year.

작년 이맘때쯤이었던 것 같아요.

C Right. Our kids happened to be playing in the same playground and they actually got along really well.

맞아요. 우리 아이들이 마침 같은 놀이터에서 놀고 있었는데 둘이 아주 잘 지내더라고요.

B Yeah. So, we got to talking and it just so happened that we were headed to the same place for lunch that day.

네. 그래서 우리도 얘기를 하게 됐는데 마침 그날 같은 곳으로 점심을 먹으러 갈 계획이었던 거예요.

C Right. So, it kind of just turned into a play date.

맞아요. 그래서 약간 놀이 데이트처럼 돼버렸죠.

☑ happen to 다음에는 동사원형이 옵니다. want to, try to처럼요.

- I actually happen to know someone who works in broadcasting.

  내가 마침 방송 쪽에서 일하는 사람을 알고 있거든.

- He happened to be wearing* the exact same shirt I was wearing.

  그도 하필이면 나랑 똑같은 셔츠를 입고 있었어.

  > * 왜 진행형인지 순간적으로 혼란스럽다면, 문장이 구성된 방식을 보면 돼요.
  > He was wearing ~ + happen to = He happened to be wearing ~.

☑ 의문문으로 쓰이면 '혹시'라는 의미로 통해요.

- Do you happen to know a good pediatrician?

  혹시 잘하는 소아과 의사 아세요?

- Did you happen to see a convenience store on your way here?

  혹시 여기 오는 길에 편의점 봤어?

☑ happen to가 반드시 '마침' '혹시' '하필' 같은 말로 해석되지 않는다는 것을 보여 주는 예문입니다. 그녀가 요리를 잘하는 것이 예상치 못한 거여서 '알고 보면'으로 해석했어요.

- She happens to be a really good cook.

  걔 알고 보면 요리 진짜 잘해.

✓ **이렇게 there is와 happen to가 합쳐져서 there happen to be로 쓰는 것을 자주 볼 수 있습니다.**

- There happened to be **an accident on the road we were on.**

  우리가 있는 길에서 하필이면 사고가 났더라고.

- There happened to be **some left-over pizza in the fridge from yesterday.**

  마침 냉장고에 어제 먹고 남은 피자가 있었어.

✓ **it just so happens that ~이라고 하면 우연성이 더 강조되는 느낌이 나요.**

- Great! It just so happens that **I have some cash on me right now.**

  잘됐다! 때마침 지금 나한테 현금이 좀 있어.

- Are you Italian by any chance?* It just so happens that **my wife speaks Italian quite fluently.**

  혹시 이탈리아인이세요? 제 아내가 마침 이탈리아어에 능숙하거든요.

  * 질문에서 '혹시'라는 말을 by any chance로 하는 경우도 많아요.

✓ **as it happens는 it just so happens that 대신 간단하게 쓸 수 있는 표현이에요.**

- As it happens, I have a desk at home that I've been meaning to get rid of. I was going to just throw it away, but let me know if you're interested. It's in fairly good condition.

  마침 치우려고 했던 책상이 집에 하나 있어. 버리려고 했는데 관심 있으면 말해. 상태 꽤 괜찮아.

UNIT 24

★ ★ ★

We won't know until we try it.

해보기 전에는 모르는 거야.

▶ "4시에 열어" 말고 "4시는 돼야 열어"를 영어로 하면?

이걸 영어로는 They don't open until 4.라고 말하는 게 가장 일반적이에요. 직역하면 '거기는 4시까지는 열지 않는다'가 되는데 우리말의 표현 방식과 달라서 처음에는 낯설게 느껴질 거예요. not ~ until을 쓸 때의 어색함, 괴리감, 불편함을 극복하려면 연습이 많이 필요해요.

HOW IT'S USED 🔎 기본 예문으로 표현 익히기

- We won't know until we try it.

  해보기 전에는 모르는 거야.

- She won't be back until next week.

  그녀는 다음 주는 돼야 돌아올 거야.

- It won't be ready until tomorrow morning.

  내일 아침은 돼야 준비가 될 거예요.

154

A Didn't you say you had to be at work by 9?

너 9시까지 출근해야 한다고 하지 않았어?

B Yeah, but I really don't need to be at my desk until my boss comes to work and he usually doesn't arrive until around 10. I still have about half an hour.

응, 그런데 사실 상사가 출근할 때까지만 자리에 있으면 돼. 그리고 상사가 10시는 돼야 도착하니까 아직 30분 정도 시간 있어.

A I see. I wouldn't get too comfortable though. I heard the subway workers went on strike this morning.

그렇구나. 그런데 너무 여유 부리지 않는 게 좋을걸. 오늘 아침에 지하철 노동자들 파업 들어갔다더라.

B What? Why didn't you tell me earlier?

뭐? 왜 그걸 이제야 말해?

⊘ **won't ~ until 형식은 앞으로 있을 일에 대해 말할 때 씁니다.**

- There won't be another discount event until December.

  12월은 돼야 할인 이벤트가 또 있을 거야.

- You won't notice much of a difference until the end of the first year.

  첫해가 끝날 때가 돼야 달라진 게 느껴질 거야.

- There probably won't be any changes until after the first round of testing is over.

  1차 시연이 끝난 후에야 변경이 이루어질 거야.

⊘ **don't ~ until 형식은 주기적으로 늘 있는 일이나 일반적인 사실에 대해 말할 때 써요.**

- They usually don't open until 4 pm.

  거기는 보통 4시는 돼야 열어.

- The rainy season doesn't start until the end of June.

  장마는 6월 말은 돼야 시작해요.

✅ **don't have to ~ until 또는 don't need to ~ until 형식은 '언제까지만 하면 된다'라는 의미예요.**

- I don't need to be at work until 10 o'clock.
  10시까지만 출근하면 돼.

- It doesn't have to be completed until the end of the week.
  이번 주 말까지만 완성하면 돼.

✅ **it isn't until ~ that 형식도 자주 쓰는 표현 방식입니다.**

- It wasn't until the 4th or 5th episode that I started to get a little antsy.
  4, 5화쯤 되니까 좀 지겨워지더라고.

- It wasn't until he was diagnosed with diabetes that he really started controlling his diet.
  그는 당뇨 진단을 받고 나서야 식이요법을 본격적으로 하기 시작했어요.

- It wasn't until the end of my second year there that they started giving me some real work.
  거기서 일한 지 거의 2년이 돼서야 제대로 된 일을 주기 시작하더라고.

★☆☆

UNIT 25

I was about to leave.
가려던 참이었어.

▶ '막 ~하려고 하다'를 영어로 어떻게 말할까요?

여기에 가장 근접한 표현이 바로 be about to입니다. 보통 '막 ~을 하려고 하다' '~을 하려던 참이다' 같은 의미로 통하지만, 있는지 없는지 모를 정도로 애매하게 해석되기도 하므로 그 의미를 대략적으로 이해했으면 실제 활용되는 것을 많이 봐야 합니다.

HOW IT'S USED 🔍 기본 예문으로 표현 익히기

- I was about to leave.
  가려던 참이었어.

- Actually, I was about to go to bed.
  사실, 막 자려던 참이었어.

- I was about to give them the news.
  지금 막 소식을 그들에게 전하려던 참이었어요.

Ⓐ Oh, Kim! If I had known you were here, I would've gotten another cup of coffee.

어, 킴! 너도 있는 줄 알았으면 커피 한 잔 더 사 올걸.

Ⓑ No. It's OK. Don't mind me. I was about to leave anyway.

아니야. 괜찮아. 난 신경 쓰지 마. 어차피 난 막 가려던 참이었어.

Ⓐ Really? Because I can run right out and get another cup of coffee. It's no problem. You should stay a little longer and chat with us.

진짜? 내가 바로 나가서 커피 한 잔 더 사 올 수 있는데. 괜찮아. 좀 더 앉아서 얘기하다가.

Ⓑ I really wish I could, but I've really got to go. Thanks though.

나도 정말 그러고 싶지만 정말 가봐야 해. 고마워.

- It looks like it's about to rain.

  이제 막 비가 내리려나 보네.

- Hurry. My phone is about to die.

  빨리 말해. 휴대폰 꺼지기 직전이야.

- Hurry up! The show is about to start!

  빨리 와! (어떤 TV 프로그램에 대해서) 이제 막 시작하려고 해!

- Things are about to get much worse.

  상황이 이제 곧 훨씬 악화될 거야.

- Is something wrong? You look like you're about to cry.

  무슨 문제 있어? 당장이라도 울음을 터뜨릴 것 같은데.

- I'm about to turn 31. My birthday is in June.

  저 이제 곧 31살 돼요. 생일이 6월이에요.

Ø be about to를 포함한 문장 앞에 just as를 붙여서 하나의 부사절로 말하기도 해요.

- Just as I was about to leave, my boss wanted to see me in her office.

  막 나오려고 하는데, 상사가 좀 보자고 사무실로 부르셨어.

- Just as I was about to take my first bite, my phone started ringing.

  첫 입을 딱 먹으려고 하는데, 전화기가 울리기 시작했어.

- Just as I was about to get on the bus, I noticed I didn't have my wallet with me.

  막 버스를 타려고 하는데, 지갑이 없더라고.

Ø just as 대신 right when을 쓰기도 합니다.

- I caught up to her right when she was about to get on the elevator.

  그녀가 막 엘리베이터에 타려고 하고 있을 때 내가 따라잡았어.

Ø just as 다음에 진행형이 나오면 '막 ~을 하고 있는 시점에서'라는 뜻이에요.

- Just as I was reading through the first few sentences, I spotted a spelling error.

  첫 몇 문장을 막 읽고 있는데, 오타를 발견했어.

★★★
UNIT
26

I'll have him pick some up.
갸 보고 좀 사 오라고 할게.

> ▶ **사역동사 have에 대해 너무 많은 오해가 있어요.**
>
> 사역동사 have는 단순히 '~하라고 말하는' 것에서 더 나아가 그런 결과를 만들겠다는 의미예요. 그리고 꼭 지시하는 상황에서만 쓰는 게 아니라 요청하거나 부탁하는 상황에서도 정말 많이 씁니다. 그럼 실제 대화에서 어떻게 활용되는지 예문들을 살펴볼게요.

HOW IT'S USED 🔎 기본 예문으로 표현 익히기

• Justin is on his way now. I'll have him pick some up.
저스틴이 지금 오는 길이야. 갸 보고 좀 사 오라고 할게.

• They had me wait in the car.
그들은 나를 차에서 기다리게 했어.

• I'll just have my son come by and help.
그냥 아들한테 잠깐 들러서 도와달라고 할게

🅐 You're still here? I thought you were going to go see Nika.

아직 안 갔어? 니카 보러 가는 줄 알았는데?

🅑 I am. I just thought it would be better to have her come to me. I realized the traffic would be terrible downtown at this hour.

맞아. 그냥 걔 보고 나한테 오라고 하는 게 더 나을 것 같아서. 이 시간엔 시내에 차가 엄청 막히겠더라고.

🅐 I see. Smart. Are you going to have her stay for dinner? I could fix something for you guys if you'd like.

그렇구나. 잘 생각했어. 저녁 먹고 가라고 할 거야? 원하면 너네 먹으라고 내가 뭐 좀 해 줄 수 있는데.

🅑 Thanks, but I'm already having Nika pick up some burgers on her way here.

고맙지만 이미 니카한테 오는 길에 햄버거 몇 개 사 오라고 부탁했어.

- I'll see if I can have them come earlier.

  사람들한테 좀 더 일찍 오라고 한번 해볼게.

- I had some friends come over to my house today.

  오늘 친구들 몇 명을 집으로 불렀어.

- If something comes up, we can just have Jake pick her up.

  무슨 일 생기면 그냥 제이크에게 가서 그녀를 태워 오라고 하면 돼.

- Kim is good with this stuff. Let's have her take a look at it*.

  킴이 이런 거 잘해. 걔한테 한번 보여주자.

  > * take a look at은 '한번 보다'라는 뜻인데,
  > 보고 난 후에 문제가 있으면 해결한다는 의미까지 포함돼 있어요.

- I think we're ready here. Please have the students enter in a single file line*.

  여기 준비는 다 된 것 같아요. 학생들을 일렬로 입장시켜 주세요.

  > * in a single file (line)은 '일렬로 하나씩(한 명씩) 나란히'라는 뜻이에요.

TIP ask를 써서 부탁하는 것과의 차이 ─

- I'll <u>ask</u> my son to come by and help.
- I'll <u>have</u> my son come by and help.

두 문장 모두 "아들 보고 잠깐 들러서 도와달라고 할게"라고 해석이 되는데요. ask를 쓰면 어디까지나 '부탁을 하겠다'는 의미에 그치는 반면, have를 쓰면 '그렇게 하도록 (결과를) 만들겠다'는 의미가 됩니다.

☑ **진행형 be having은 약속된 일/예정된 일에 대해 써요. 초대, 지시, 요청 등이 이루어졌고 수락도 되었지만 아직 완료되지 않았거나 진행 중인 상태를 말해요.**

- I'm having my parents stay over for the weekend.

  부모님을 집에 초대해서 주말 동안 계시기로 했어.

- They're having me come by their office sometime next week.

  나보고 다음 주 중에 그쪽 사무실로 오라고 하더라고.

- The school is having the students take an online course from home for the next couple of weeks.

  학교 측에서는 앞으로 몇 주 동안 학생들에게 집에서 온라인 강의를 들으라고 했다.

- Are they having you work even on weekends now?

  (회사가) 이제는 주말에도 일하게 하는 거야?

- Are you having your kids take the bus? You're not going to drive them there, are you?

  너 애들 버스 태워서 보낼 거지? 거기까지 차로 데려다줄 건 아니지?

TIP 사역동사 let/make/have의 차이

세 문장 모두 "애들을 집에 있게 했어"로 해석되지만 실제 의미는 각각 다릅니다.

- I <u>let</u> the kids stay home. → 집에 있고 싶어 하는 아이들을 집에 있게 했다는 의미
- I <u>made</u> the kids stay home. → 아이들을 강제로 집에 있게 했다는 의미
- I <u>had</u> the kids stay home. → (추가적인 의미 없이) 아이들을 집에 있게 했다는 의미

★★★ UNIT 27

If you're going to do it, you might as well do it right.

이왕 하는 거, 제대로 하면 좋지.

▶ '어차피/이왕 ~할 거면 …하는 게 좋지'를 영어로?

이걸 표현하는 몇 가지 방법 중 제가 추천하고 싶은 건 if조건절과 함께 'might as well + 동사원형'을 쓰는 거예요. 여기서 might as well은 보조적인 역할이라 눈에 띄는 의미를 갖지 않을 때가 많아요. might as well을 포함한 문장 전체의 의미와 활용에 적응해보세요.

HOW IT'S USED 🔎 기본 예문으로 표현 익히기

- If you're going to do it, you might as well do it right.

  이왕 하는 거, 제대로 하면 좋지.

- If you have some things to buy, you might as well just come with me.

  어차피 살 거 있으면, 그냥 같이 가자.

Ⓐ I'm on my way to the convenience store. You need anything?

나 편의점에 가는 길인데 뭐 필요한 거 있어?

Ⓑ Yeah. Actually, could you get me some batteries? Some double-As. And some scotch tape. Oh, and I also need a USB A to C connector.

응. 건전지 좀 사다 줄래? AA 건전지 몇 개만. 스카치테이프도. 아, 그리고 USB A to C 커넥터도 필요해.

Ⓐ I don't even know what that is. Look, if you have some things to buy, you might as well just come along.

난 그게 뭔지도 모르겠는데. 야, 어차피 사야 할 게 좀 있으면 그냥 같이 가지 그래.

⊘ **'어차피/이왕 ~할 거면 이렇게 하자'라고 말해봅시다.**

- If we have to wait here a while, we might as well take a look around.

  어차피 여기서 좀 기다려야 하는 거면, 좀 둘러 보자.

- If you're willing to spend that much, you might as well just get the higher model.

  어차피 돈을 그 정도 쓸 생각이면, 그냥 더 상위 모델을 사.

- If you're going to spend the time and money to learn something, you might as well learn something useful.

  어차피 시간과 돈을 들여서 배울 거면, 쓸모 있는 걸 배우는 게 낫지.

⊘ **'이미 이런 상황이니까 좀 더 해보자'라고 말해봅시다.**

- It was a bit pricey, but it's ours now. We might as well try to make good use of it.

  좀 비싸긴 했지만 이미 샀으니까, 최대한 활용해보자.

- Well, we've already come this far. We might as well go a little farther and see what's on the other side.

  이왕 여기까지 온 거, 좀 더 가서 반대편에는 뭐가 있는지 보자.

FURTHER USE ✐ 응용 및 심화 표현 배우기

⊘ '~라고 해도 이상하지 않아'라고 말할 때도 might as well을 씁니다.

• She and Marie have so much in common. They even kind of look alike. They might as well be sisters.

  걔랑 마리는 둘이 너무 비슷해. 심지어 서로 약간 닮기까지 했어. 자매라고 해도 될 것 같아.

• Everything feels very different there. Even the dialect that they use there sounds like a different language. It might as well be a different country.

  거기는 모든 게 엄청 달라. 거기 사람들이 쓰는 지방어도 다른 언어 같아. 그냥 다른 나라라고 봐도 돼.

⊘ 과거에 이미 일어난 일에 대해서 얘기할 때는 현재완료시제를 사용합니다.

• The wind was so strong that it blew all the rain inside and we all got soaked. We might as well have gotten a table out on the terrace.

  바람이 너무 세서 비가 안으로 다 들어와서 우리 다 젖었어. 이럴 거면 야외 테라스석에 자리를 잡았지.

• Did you hear? Those two policemen fled the scene and the man eventually died. They might as well have killed him themselves.

  얘기 들었어? 그 경찰관들이 현장에서 도망쳐서 결국 그 남자는 죽었대. 아예 자기들 손으로 죽인 거나 다름없어.

UNIT 28

★☆☆

I would ask them first just in case.

혹시 모르니까 먼저 물어보는 게 좋을 것 같은데.

▶ 조언이나 충고를 영어로 어떻게 하는 편인가요?

보통은 You should ~, You have to ~를 사용한다고 배웠을 텐데요. '해야 한다'라고 하는 다소 강한 어감이 부담스럽다면 I would/wouldn't를 써서 '나라면 ~하겠다/하지 않겠다'라고 돌려 말해보세요. 가볍고 편하게 말할 수 있는 좋은 표현 방식입니다.

HOW IT'S USED 🔍 기본 예문으로 표현 익히기

A: I don't think they would mind.

별로 신경 안 쓸 것 같은데.

B: I would still ask them first just in case.

그래도 혹시 모르니까 먼저 물어보는 게 좋을 것 같은데.

A Is this a crack on your screen? I would get this fixed as soon as I could. You don't want to get small pieces of glass on your fingertips.

이거 화면에 금 간 거야? 이거 최대한 빨리 고치는 게 좋을걸. 손가락 끝에 작은 유리 조각이 묻으면 큰일 나.

B I know, but I figured I should just get a new one.

괜찮아. 그냥 새 폰 사는 게 나을 것 같아서.

A What? An iPhone? The new models are just around the corner. I wouldn't get a new one right now. I would wait a little bit.

뭐? 아이폰? 새 모델이 곧 나와. 지금 사는 건 추천하지 않아. 조금만 기다려봐.

B I don't mind using an older model. I hardly use it for anything besides making calls and texting anyway.

난 예전 모델 쓰는 거 괜찮은데. 어차피 통화랑 문자 외에는 잘 안 쓰는 편이어서.

PRACTICE ✏ 다양한 내용으로 연습하기

⊘ **I would/wouldn't 로 조언하는 모든 경우는 사실 If I were you가 생략된 거라고 보**
면 됩니다.

- I wouldn't do that.

  그러지 마. (직역: 나라면 안 그럴 텐데.)

- I wouldn't worry about it.

  그건 걱정할 필요 없어. (직역: 나라면 걱정하지 않겠어.)

- I wouldn't be so sure.

  정말 그럴까? (직역: 나라면 그렇게 확신하지 않을 거야.)

- I would keep an eye on him just in case.

  혹시 모르니 그를 지켜보도록 해. (직역: 혹시 모르니 나라면 그를 지켜보겠어.)

- What's the rush, right? I would take a few days to think about
  it before I decide.

  급할 게 뭐 있어? 며칠 동안 생각해보고 결정해. (직역: 나라면 며칠 동안 생각해보고 결정할래.)

✅ **대화를 통해 I would/wouldn't로 시작하는 관용적 표현을 배워보세요.**

- A: Wow. You're an expert at this!

  와. 너 전문가구나!

  B: No. I wouldn't say that.* This is actually quite simple once you understand how it works.

  아니야. 전문가는 무슨. 어떤 원리인지 알고 나면 사실 꽤 간단한 거야.

  > * I wouldn't say that은 상대방의 말이 지나친 칭찬과 같이 좀 과장된 얘기일 때 사용해요.

- A: Is that part of Korean culture?

  그게 한국 문화의 일부인가요?

  B: I wouldn't necessarily call it culture.* It's more like a mutual understanding between people.

  저라면 그걸 문화라고 하지는 않을 것 같아요. 사람들 사이에서 그냥 통하는 거라고 하는 게 더 맞는 것 같아요.

  > * I wouldn't necessarily call it ~은 '나라면 그걸 ~라고 하지 않겠어'라는 의미예요.

- A: Wow. I hope our education system becomes more like that.

  와. 우리 교육 시스템도 좀 저렇게 바뀌었으면 좋겠다.

  B: I wouldn't count on it.* At least not in our lifetime.

  기대하지 않는 게 좋을걸. 적어도 우리가 살아 있는 동안에는 말이지.

  > * I wouldn't count on it은 '그렇게 되지 않을걸' 하고 비슷해요.
  > 여기서 count on은 어떤 좋은 일이 있을 거라고 '기대를 걸다'라는 의미로 쓰였어요.

UNIT 29

★☆☆

I've been meaning to call you.
안 그래도 너한테 전화하려고 했어.

▶ "그러려고 했어"를 영어로 어떻게 말할까요?

과거에 무엇을 하려고 했다는 거니까 I was going to do that. 이라고 하면 될까요? 뭐든 상황을 먼저 봐야 해요. 만약 예전부터 늘 생각하면서 적당한 기회나 시점을 노리고 있는 맥락에서 그 말을 하는 거라면 I was going to ~보다 I've been meaning to ~가 잘 어울립니다.

HOW IT'S USED ✎ 기본 예문으로 표현 익히기

A: Hey, Debby! How've you been?

데비야! 어떻게 지냈어?

B: I've been great. Sorry, I've been meaning to call. How are things with you?

잘 지냈지. 미안해. 언제 한번 전화해야지 하고 늘 생각은 하고 있었는데. 넌 어떻게 지내?

A Something feels different.

원가 달라진 것 같은데.

B Maybe it's because I got rid of the carpet?

카펫을 없애서 그런가?

A Oh, that's right! It feels more spacious. Did you throw it away?

아, 그렇네! 더 넓어 보인다. 버린 거야?

B Yeah. I'd been meaning to get rid of it. It was getting old and starting to stink.

응. 안 그래도 버리려고 하고 있었어. 낡아서 냄새가 나기 시작했거든.

- I've been meaning to **try it.**

  언제 한번 해봐야지(또는 먹어봐야지) 생각은 하고 있었어.

- I've been meaning to **tell you.**

  안 그래도 너한테 얘기하려고 했었어.

- I've been meaning to **get rid of it.**

  안 그래도 없애려고(치우려고) 하고 있었어.

- I've been meaning to **get a new one.**

  안 그래도 새 거 사려고 했었어.

- I've been meaning to **ask you about that.**

  안 그래도 너한테 그거 물어보려고 했었어.

TIP **I've been meaning to의 한계**

"저녁 안 먹으려고 했어"를 영어로 하면 I've been meaning to skip dinner.가 될까요? 이 표현에는 무엇을 할 적당한 시기와 기회를 노리고 있었다는 의미가 포함되어 있어서, 무엇을 하지 않기 위해 I've been meaning to ~했다고 하면 굉장히 어색한 표현이 됩니다. 이럴 땐 I was going to skip dinner.라고 하는 게 좋아요.

☑️ **좀 더 긴 문장으로 맥락을 고려한 말하기를 연습해봅시다.**

- It's not something I just suddenly decided. I've actually been meaning to do it for some time now.

  갑자기 결정한 게 아니야. 해야겠다고 생각한 지 사실 좀 됐어.

- I've been meaning to ask you about that. How do you manage to do all that work and still have time for your family?

  안 그래도 그거 물어보려고 했어요. 그 모든 일을 하면서 어떻게 가족이랑 시간도 보내는 거죠?

- My company is sending me to Dubai. It looks like I'm going to have to be there for at least 2 years. I've been meaning to tell you. I just wanted to be absolutely sure before I did.

  회사에서 날 두바이로 보내기로 결정됐어. 거기서 최소 2년은 있어야 할 것 같아. 말해주려고 했었는데 완전히 확실해지면 얘기하고 싶었어.

- Well, I don't have anything specific planned, but I've been meaning to spend some time with my mother. She's had a tough go since my father passed away.

  딱 정해놓은 계획 같은 건 없는데 엄마랑 시간을 좀 보내고 싶다는 생각은 하고 있었어. 아빠 돌아가시고 나서 좀 힘들어 하셨거든.

★★☆
UNIT
30

Don't get caught up in the method.
방법에 얽매이지 마.

▶ **"요즘 가족 일로 정신이 없어"를 영어로 어떻게 말할까요?**

이럴 때 쓰는 be/get caught up in + 〈무엇〉은 어떤 생각이
나 상황에 갇혀서 빠져나오지 못하는 상태를 표현해줍니다.
맥락에 따라 '~에 사로잡히다' '~에 휘말리다' '~에 얽매이다'
등으로 해석돼요. 그래서 저라면 I've been so caught up in
family stuff lately.라고 할 것 같아요.

HOW IT'S USED 🔍 기본 예문으로 표현 익히기

• Don't get caught up in the method because
nothing will work if you're not consistent.

방법에 얽매이지 마. 꾸준하지 않으면 다 소용없어.

• Don't let yourself get caught up in negative
thoughts.

부정적인 생각에 사로잡히지 않도록 해.

A Listen, I've been thinking about it and I had an idea. Why don't you come and work with me for a while?

있잖아, 내가 고민해봤는데 좋은 생각이 났어. 여기 와서 한동안 나랑 일해보는 건 어때?

B You want me to come and work for you at your company?

너네 회사로 가서 네 밑에서 일하라고?

A Why not? It'll be fun. Just like old times.

안 될 게 뭐가 있어? 옛날 생각도 나고 재미있을 거야.

B What about my job here? I can't just up and quit. Plus, how am I supposed to commute? It's almost a 3 hour drive. I suppose I could move, but then what about my wife? She has a job here.

지금 내 일은 어쩌고? 그냥 갑자기 그만둘 수 없는데. 게다가 출퇴근은 어떻게 하는데? 차로 거의 3시간이야. 이사를 하는 방법이 있긴 한데, 근데 그러면 내 와이프는? 직장이 여기인데.

A Look, let's not get so caught up in the details yet. We can figure them out one at a time. First thing is first. Do you want to come and work with me?

야, 구체적인 것은 아직 너무 신경 쓰지 말자고. 하나씩 해결하면 되니까. 일단 중요한 건, 와서 나랑 같이 일하고 싶은 거야?

- I think he got caught up in some bad situation while he was there.

  내 생각엔, 그가 그곳에 있는 동안 안 좋은 상황에 휘말린 것 같아.

- Apparently, she got caught up in some legal issue with her company.

  그녀가 회사랑 무슨 법적 문제에 휘말렸다는 것 같아.

- Sometimes I get so caught up in my work and forget that I have a family.

  어쩔 때는 일에 너무 얽매여서 가족이 있다는 걸 잊을 때가 있어.

- I was so caught up in my own problems at the time that I just couldn't deal with anything else.

  당시엔 내 문제들만으로도 정신이 없어서 다른 건 그냥 신경도 못 썼어.

- When something like this happens, it's easy for people to get caught up in their emotions.

  이런 일이 생겼을 때, 사람들은 감정에 휩쓸리기 쉬워.

TIP 해석이 비슷하다고 해서 다 같은 게 아니에요

예를 들어 be/get obsessed with도 '사로잡히다'로 해석되는데, 무엇에 집착하는 것에 가까워요. 다른 비슷한 표현으로 be/get stuck in도 있는데, 이 표현은 물리적으로 어디에 걸려서 못 빠져나올 때도 사용하니까 맥락을 잘 살펴야 합니다.

FURTHER USE ✏ 응용 및 심화 표현 배우기

☑ **be/get caught up in 다음에 동사ing로 내용을 말하는 경우도 많아요.**

- Kids tend to get caught up in doing everything their friends do.
  아이들은 친구들이 하는 대로 따라하는 것에 얽매이는 경향이 있죠.

- I was so caught up in trying to impress my friends. You know how it is when you're young.
  친구들한테 잘 보이려는 생각밖에 없었어. 어렸을 때는 그런 거 너도 알잖아.

- It feels like they were so caught up in making the movie visually impressive that they forgot to write a good story.
  영화를 시각적으로 인상적이게 만드는 데만 혈안이 돼 있어서 좋은 스토리를 쓰는 것은 완전히 뒷전이었던 것 같아.

- We were so caught up in the excitement of becoming rich*
  that none of us second-guessed what we were doing.
  다들 부자가 된다는 기쁨에 너무 사로잡혀서 아무도 우리가 하는 일을 되돌아보지 않은 거죠.

  *be/get caught up in the excitement of는
  '어떤 신나는 일을 할 생각에 사로잡히다'라는 뜻이에요.

TIP 좀 더 격식을 갖춘 유사 표현

형식을 갖춘 글쓰기나 좀 더 전문적인 말하기에서는 be preoccupied with를 써요.

- The scientists were so preoccupied with whether or not they could, they didn't stop to think if they should.
  과학자들은 가능성에만 너무 몰두해 있어서, 잠시 멈춰서 그래도 되는지 생각하는 시간을 전혀 갖지 않았다. (영화 〈쥬라기 공원〉에서 이안 말콤 박사의 대사)

빨모쌤의
영어 업그레이드 팁

섀도잉 말고 모델링 하세요

언어에는 그 나라의 집단적 문화와 정서가 담겨 있기도 하지만 동시에 개개인이 수년간 써오면서 그 언어와 나름의 고유한 관계를 갖게 되는 것 같아요. 그래서 같은 언어를 구사하는 사람 사이에서도 '스타일' 차이가 느껴지는 거 아닐까요? 그래서 생각해본 것이 바로 모델링^{modeling}입니다.

모델링은 영어를 모국어로 하는 특정 인물을 롤모델로 선택해서 마치 그사람이 된 것처럼 최대한 '닮게' 말하는 연습을 하는 거예요. 속도, 말투, 억양, 강세, 심지어 제스처나 표정까지 따라 할 수 있는 모든 걸 따라 하는 것이 핵심입니다. 근본적으로 섀도잉^{shadowing}과 비슷하지만 이런저런 사람 구분 없이 따라하는 게 아니라 특정 인물을 선택해서 성향과 특징까지 배운다는 점에서 약간 차이가 있습니다.

그럼 어떤 인물을 롤모델로 삼는 것이 좋을까요? 유명한 영화 배우나 가수, 평소 친하게 지내는 외국인 친구, 브이로그를 매일 올리는 일반 원어민, 모두 좋아요. 본인이 좋아하는 사람이면 됩니다. 어떤 방법이든 오래 꾸준히 하지 않으면 소용없다는 얘기를 벌써 100번쯤 한 것 같은데, 이번에도 예외가 아니거든요. 계속 반복적으로 보고 들어도 불편하지 않고 즐거운 사람이어야 합니다.

만약 좋아하는 사람이 여럿이라서 고민이 된다면, 학습 자료가 많은 사람을 선택하세요. 예를 들어, 브래드 피트는 멋진 배우지만 그가 자기 친구나 가족과 대화하는 영상을 찾기는 쉽지 않을 거예요. 반면에 시트콤 〈프렌즈Friends〉에 고정적으로 등장하는 여섯 명의 주인공들 중 한 명을 선택하면, 일상 속에서 나누는 가벼운 내용의 대화 자료가 200여 에피소드에 걸쳐 있잖아요. 학습자 입장에서는 여기저기 찾아다니지 않고 한곳에 모여 있는 자료에 수시로 접근할 수 있으니 굉장히 편리하죠. 물론, 〈프렌즈〉는 하나의 예일 뿐이고, 본인이 즐겨본 드라마의 인물이면 이런 장점이 있으니 한번 생각해보세요.

모델링은 혼자 공부하는 사람에게 기준점을 제공해줍니다. 예를 들어, one of my friends와 a friend of mine은 의미나 뉘앙스가 거의 비슷해요. 이때 롤모델이 있으면 그 사람이 쓰는 걸 여러분도 쓰면 돼요. 그 영어가 여러분이 습득해야 하는 영어인 거예요.

물론 둘의 차이를 세세하게 비교해보고 싶은 마음이 계속 들 수 있어요. 하지만 반드시 기억해야 할 점은, 모든 언어가 그렇듯 같은 얘기를 하는 데 있어서 사람마다 그걸 표현하는 방식은 다를 수 있다는 점이에요. 그리고 그것들 사이에 어떤 '차이'가 있고 더 '옳고 바른' 것이 있다고 말할 수 없어요. 오히려 모든 것을 다 똑같이, 완벽하게 습득하려는 노력이 영어 배우는 걸 쓸데없이 어렵게 만들기도 해요.

이렇게 얘기하다 보니 여러분이 어떤 인물을 모델로 삼을지 궁금해지네요. 모델링이 영어를 계속해서 배우는 긴 여정에 재미를 선사하고 좋은 학습 효과를 얻을 수 있는 방법이 되길 바랍니다.

CHAPTER 6

대화의 흐름이 자연스러워지는 연결 표현

UNIT 31
★☆☆

Let's take a break. Or better yet, let's get some coffee.
잠깐 쉬자. 아니면 커피를 마셔도 좋고.

▶ **말하고 나니 더 좋은 아이디어가 떠올랐나요?**

그럴 때 or better yet을 써보세요. 맥락에 따라 '아니면 아예' '아니면 차라리'와 비슷한 의미로 쓰입니다. 어떤 조언을 해주거나 제안을 할 때 많이 쓰는 표현이에요.

HOW IT'S USED 🔎 기본 예문으로 표현 익히기

• Let's take a break before we continue. Or better yet, let's go out and get ourselves some coffee.
계속하기 전에 잠깐 좀 쉬자. 아니면 아예 나가서 커피 좀 사 오자.

• Do you guys want to meet at the bus stop tomorrow morning? Or better yet, the three of us could just take a taxi.
내일 아침 버스 정류장에서 만날래? 아니면 그냥 우리 셋이 택시를 타도 되고.

DIALOGUE 💬 일상 대화 속에서 활용 감각 키우기

A I'm tired of taking my car to the mechanics. It's already like the sixth time this year.

정비소에 차 맡기는 것도 지겹다. 올해 벌써 여섯 번째인 것 같네.

B You should go see my guy*. Whatever it is, I'm sure he can take care of it. Or better yet, just get a new car. How long have you been driving that thing**?

내 차 봐주는 정비사한테 가져가봐. 뭐가 됐든 해결할 수 있을걸. 아니면 그냥 새 차를 뽑아. 그거 얼마나 타고 다녔지?

A No. That thing is a classic. I'm telling you, one day, it's going to be on the cover of a car magazine.

안 돼. 그거 클래식카란 말이야. 내가 장담하는데, 언젠가는 자동차 잡지 표지에 실리는 날이 온다니까.

B Then that's all the more reason to get a daily driver. You drive to work every day, don't you?

그렇다면 더더욱 데일리카를 따로 장만하는 게 좋지 않을까? 너 매일 차로 출퇴근하잖아.

---

* my guy라고 하면 내가 찾아가는(부르는) 전문가를 말해요.
** that thing은 어떤 대상을 언급할 때 그것을 잘 모르거나 무시하는 마음이 있어서 거리감 있게 표현할 때 자주 쓰는 말이에요.

- It'd be nice to have a steam cleaner as well. Or better yet, let's just get one that can do both vacuum and steam cleaning.

  스팀 청소기도 있으면 좋겠다. 아니면 아예 진공 청소와 스팀 청소 둘 다 되는 걸로 사자.

- You should just ignore all her calls and messages today. That'll teach her a lesson. Or better yet, don't go home tonight.

  오늘 하루는 그냥 걔 전화도 받지 말고 문자도 무시해. 그러면 정신 차릴 거야. 아니면 아예 오늘 밤에 들어가지 마.

- You said you had to leave around 7, right? Are you taking your girlfriend out for dinner? Or better yet, why don't you bring her over here and we can all have dinner together?

  7시쯤에 가야 된다고 했지? 여자 친구 저녁 사주는 거야? 아니면 아예 걔를 여기로 데려와서 다 같이 저녁 먹는 건 어때?

- Let me know when everyone decides what they're going to have. Or better yet, we can get one of the combo meals and share everything.

  다들 뭐 먹을지 결정하면 알려줘. 아니면 아예 세트 메뉴를 하나 시켜서 다 같이 먹어도 되고.

✓ **대화에서 상대방의 제안에 대해 다른 아이디어를 제안할 때도 쓰기 좋습니다.**

- A: My flight is at 11 in the morning tomorrow, so could you pick me up around 7 at my place?

  내일 오전 11시 항공편이니까 아침 7시에 우리 집으로 데리러 와줄래?

  B: Or better yet, I could sleep over at your place tonight and we can leave together in the morning.

  아니면 아예 오늘 밤에 내가 너네 집에서 자고 내일 아침에 같이 출발해도 돼.

- A: I think I need a break. Could someone take the wheel for a bit?

  나 좀 쉬어야 될 것 같아. 누가 잠깐 운전 좀 해줄래?

  B: Or better yet, there's a rest area about 20 minutes from here. How about we make a stop there, stretch our legs and grab a snack?

  아니면 여기서 20분만 가면 휴게소가 있는데 아예 거기 가서, 스트레칭도 하고 뭐 좀 먹을까?

- A: I'm getting kind of hungry. I think I'm going to make a quick trip to* the convenience store. Do you want anything?

  나 좀 배고픈데. 편의점에 잠깐 다녀와야겠다. 너 뭐 필요해?

  B: Or better yet, we could go out for some hotdogs. There's a 24-hour place just around the corner.

  아니면 아예 핫도그 먹으러 나가도 돼. 여기 코너만 돌면 24시간 하는 곳이 있거든.

  * make a quick trip to + 〈어디〉는 어디에 잠깐 다녀오는 걸 말해요.

UNIT 32

★ ★ ☆

I hate to say it, but I have to leave.

아쉽지만 난 가야 해.

 ▶ **I'm sorry 대신 I hate to say it으로 말해보세요.**

"미안한데, 나 이제 가야 해"를 영어로 해보라고 하면, 보통 I'm sorry, but ~으로 시작할 거예요. 틀린 건 아닌데 여기선 상대방에게 잘못해서 미안하다고 사과하는 게 아니잖아요? 이럴 때는 I hate to say it, but ~으로 말하는 걸 추천합니다. 아쉽지만 어쩔 수 없다는 느낌을 잘 살려줘요.

HOW IT'S USED 🔍 기본 예문으로 표현 익히기

- I hate to say it, but I have to leave.
  아쉽지만, 난 가야 해.

- I hate to say it, but we might have to cancel our trip.
  정말 이러고 싶지 않지만, 여행을 취소해야 할 수도 있어.

- I hate to say it, but not everyone is honest in reality.
  이런 말 하기 좀 그렇지만, 현실에선 모든 사람이 정직한 건 아냐.

A Listen, guys. I hate to say it, but I gotta get going.

얘들아. 아쉽지만 난 이만 일어나야 할 것 같아.

B Oh, so soon? I thought maybe we could all go get some ice cream or something.

벌써? 다 같이 아이스크림이나 먹으러 갈까 했는데.

A Oh, that would've been great, but I really gotta go prep for a meeting early tomorrow morning. But you guys go ahead*. I'll definitely join you next time.

그랬으면 좋았겠지만 내일 아침 일찍 회의가 있어서 준비하러 가야 돼. 너네끼리 가. 다음 번에는 나도 꼭 갈게.

B All right. I'll keep in touch. Take it easy**, OK?

그래. 연락할게. 잘 가.

A All right. I'll see you guys later.

응. 나중에 봐.

* go ahead는 ahead 때문에 '먼저 가(나중에 따라갈게)'라고 생각할 수 있는데, 여기서는 '(나 없이) 하려던 거 계속 해'라는 뜻이에요.
** Take it easy는 헤어질 때 정말 자주 쓰는 인사말이에요. 한국어로 딱 떨어지는 해석은 없고 대개 '잘 지내' 정도로 통해요.

- I hate to say this, but **I think we're going to have to start all over again.**

  이런 말 하기 좀 그런데, 처음부터 다시 해야 될 것 같아.

- Listen. I hate to say this, but **I don't think I can go along with*** **that.**

  있잖아. 이런 말 해서 미안하지만, 난 그렇게 못 할 것 같아.

  * go along with는 '어떤 계획이나 방식이나 결정에 따르다'라는 의미예요.

- I hate to say it folks, but **we're closing in 10 minutes.**

  여러분, 아쉽지만 저희는 10분 뒤에 문 닫습니다.

- I hate to say this to you, but **I don't think it's going to work out between us. I think we should go our separate ways.**

  이런 말 해서 미안하지만, 우리 이대로는 안 될 것 같아. 아무래도 각자 길을 가는 게 좋겠어.

TIP 더 공손한 느낌으로 말할 때

I hate to say it도 격식을 차려야 하는 자리에서 물론 쓸 수 있지만, 그보다 더 공손하고 예의 있는 느낌을 주고 싶다면 I regret to inform you (that) ~을 써보세요.

- I regret to inform you that we will no longer be making direct shipments to your location as of March this year.
  안타깝게도 올해 3월부터 고객님이 계신 곳으로는 더 이상 직접 배송을 하지 않게 됐습니다.

- I hate to admit it, but **your way sounds a lot better than mine.**
  인정하고 싶지 않지만, 네 방식이 내 방식보다 훨씬 나은 것 같아.

- I hate to bother you, but **could you move your car for a second? My car can't get out.**
  방해해서 죄송한데요. 잠깐 차 좀 빼주실래요? 제 차가 못 나가서요.

- I hate to do this folks, but **I'm going to have to ask you all to wait somewhere else. People need to pass through this area.**
  여러분, 죄송하지만 다들 다른 곳에서 기다려주셔야 합니다. 여기는 사람들이 지나다니는 곳이라서요.

- I hate to break* it to you, but **the model you're looking at is discontinued, so your only option is the secondhand market.**
  나쁜 소식이 있는데, 네가 보고 있는 그 모델은 생산이 중단된 거라서 중고시장을 알아보는 수밖에 없어.

  * break가 왜 소식을 전한다는 의미인지 감이 오지 않는다면
  ***breaking news(뉴스 속보)**를 생각하면 좋을 것 같아요.*

TIP 매우 슬픈 소식을 전할 때

단순히 아쉽거나 나쁜 수준이 아니라 매우 슬프고 안타까운 소식을 전해야만 한다면 It's with a heavy heart (that) ~을 쓸 수 있습니다.

- It is with a heavy heart that we announce the sudden and tragic passing of one of our colleagues.
  우리 동료 중 한 명의 갑작스럽고 안타까운 죽음을 알리게 되어 마음이 무겁습니다.

UNIT 33

★☆☆

I know it's a lot to ask, but could I borrow your car?

이런 부탁 해서 미안한데 차 좀 빌릴 수 있을까요?

▶ **"이런 부탁 해서 미안한데"라고 조심스럽게 말을 꺼내보세요.**

I know it's a lot to ask, but ~은 직역하면 '많은 걸 요구한다는 것을 안다'이지만, '힘든 부탁인 거 아는데'와 같이 의역되어 공손하고 정중한 느낌을 줍니다. 앞에서 배운 hate를 활용해 I hate to ask, but ~이라고 해도 돼요.

HOW IT'S USED 🔎 기본 예문으로 표현 익히기

• I know it's a lot to ask, but do you think I could borrow your notes for one day?

이런 부탁 하기 미안한데, 나 너 필기한 거 하루만 빌려도 될까?

• I know it's a lot to ask, but could you lend me some money? I'm really in a pinch* right now.

이런 부탁 하기 미안한데, 혹시 돈 좀 빌려줄 수 있어? 내가 지금 너무 급해서.

* be in a pinch는 빠른 대처가 필요한 급한 상황을 가리킬 때 자주 쓰는 표현이에요.

194   PART 2. 연습 가이드

A Hey, Jerry. What are you doing this weekend?

제리야, 이번 주말에 뭐 해?

B Nothing. Why?

아무것도 안 하는데. 왜?

A Listen. I know this is a lot to ask, but do you think you could look after Miguel for me?

있잖아. 이런 부탁 하기 미안한데, 혹시 미구엘 좀 봐줄 수 있어?

B Umm. Miguel is your....

음. 미구엘이면 네……

A He's my Chihuahua. Just for the weekend.

내 치와와. 주말 동안만.

B Yeah, I guess I could. Did something come up?

어, 그러지 뭐. 근데 무슨 일 있어?

A I told you my mother just had surgery, right?

우리 엄마가 최근에 수술했다고 내가 말했었지?

B Yeah.

응.

A Well, we had a caretaker, but she suddenly canceled on us and we couldn't find a replacement.

도우미가 오기로 했었는데 갑자기 취소를 하는 바람에 대체할 사람을 못 찾았어.

✍ **could you ~? 또는 do you think you could ~? 같은 표현들을 함께 쓰면, 말을 더 자연스럽게 할 수 있습니다.**

- Could you **make an exception*** just this once? I know it's a lot to ask, but we really have nowhere else to go.

  이번 한 번만 어떻게 안 될까요? 무리한 부탁인 건 알지만 정말 이제 갈 데가 없거든요.

  > * make an exception은 직역하면 '예외로 하다'인데,
  > 여기서는 '이번 한 번만 (어떻게) 해달라'라는 뜻으로 의역했어요.

- I know it's a lot to ask, but could you **not be on the phone past midnight**? These walls are very thin.

  이런 부탁 해서 미안한데, 자정이 지나면 통화 좀 자제해줄래? 여기 방음이 안 좋거든.

- I know it's a lot to ask, but do you think you could **cover my shift tomorrow afternoon**? Something came up and I really need someone to cover my shift.

  이런 부탁 해서 미안한데, 혹시 내일 오후에 교대 좀 해줄 수 있어요? 일이 좀 생겨서 나 대신 근무를 서줄 사람이 꼭 필요해요.

- Do you think you could **hold on to this plant until I get back from my business trip**? I know it's a lot to ask, but **it just needs a little water in the morning**.

  나 출장에서 돌아올 때까지만 이 식물 좀 맡아줄 수 있어? 힘든 부탁인 건 아는데 아침에 물 조금만 주면 돼.

✅ 어려운 부탁이긴 하지만, 편한 상대에게 캐주얼하게 쓰는 표현도 있어요.

- I have a big favor to ask you. (= I need a big favor from you.)
  나 너한테 큰 부탁 하나 할 게 있어.

- I need a big ask. (= I need a big favor.)
  나 큰 부탁 하나만.

✅ 부탁하거나 제안할 때 '부담 주고 싶지 않아'라는 말을 덧붙여보세요.

- A: Have you thought about what I asked you before? You know
  you can say "No.", right? I'll understand. I don't want to
  impose.
  저번에 내가 부탁한 거 생각해봤어? 안 된다고 해도 이해해. 부담 주고 싶지 않아.

  B: No. It's no imposition at all. I've actually been meaning to
  talk to you about it. I've thought about it and I can do it.
  아니야. 전혀 부담 아니야. 사실 너랑 그 얘기를 하고 싶었거든. 생각해봤는데, 할 수 있어.

✅ 반대로 어려운 부탁을 받았을 때 사용하면 좋은 표현도 있습니다.

- A: I can't wait that long. Is there any way I can skip that
  process? I'm willing to pay more.
  제가 좀 급해서요. 그 절차를 건너뛸 수 있는 방법은 없을까요? 돈은 더 낼 수 있어요.

  B: Sorry, but I could get into a lot of trouble for that. I'll see
  what I can do but I can't promise anything.
  죄송하지만, 그렇게 하면 제가 진짜 곤란해질 수 있어서요. 일단 제가 할 수 있는 건 해보겠지
  만, 장담은 못 해요.

UNIT 34

★★☆

I know I have to stop, but I can't help it.

그만해야 하는데, 멈출 수가 없어.

▶ **help를 '돕다'라는 의미로만 알고 있나요?**

하지만 원어민이 I can't help it.을 쓰는 경우에 can't help는 '도울 수 없다'가 아니라 '충동 등이 통제되지 않는다'라는 의 미예요. 그래서 나도 모르게 어떤 생각이 계속 든다거나 어떤 행동을 계속 하게 된다고 말할 때 can't help + 동사ing 또는 can't help but + 동사원형을 씁니다.

HOW IT'S USED 🔍 기본 예문으로 표현 익히기

- I know I have to stop, but I can't help it.

  그만해야 하는데 멈출 수가 없어.

- I know I shouldn't have, but I just couldn't help laughing.

  그러지 말았어야 한다는 것은 알지만 웃음이 나오는 걸 어쩔 수가 없었어.

- I can't help but think that it's somehow my fault.

  왠지 내 탓도 있다는 생각이 나도 모르게 자꾸 들어.

DIALOGUE 💬 일상 대화 속에서 활용 감각 키우기

Ⓐ Are you on that AI program again?

너 또 그 인공지능 프로그램 가지고 놀고 있지?

Ⓑ I can't help it! It's just so much fun!

도저히 통제가 안 돼! 너무 재밌다고!

Ⓐ Be careful. You're going to end up like that guy in that movie where he dates a computer.

조심해. 너 그러다가 그 영화에 나오는 남자처럼 된다. 컴퓨터랑 사귀는 사람 있잖아.

Ⓑ I know, right? Actually, ever since the AI revolution started, I couldn't help but wonder if a day like that would really come.

그러게. 사실 인공지능 혁명이 시작되고 나서 그런 날이 정말 오지 않을까 하는 생각이 나도 모르게 계속 들더라고.

Ⓐ IF a day like that would really come? Every time I see you on that thing, I can't help feeling that day is already here!

'그런 날이 정말 오지 않을까'라고? 난 네가 그거 하고 있는 거 볼 때마다 그날이 벌써 왔다는 생각이 드는데!

PRACTICE ✎ 다양한 내용으로 연습하기 ①

✍ **can't help it은 어떻게 하고자 하는 마음과 충동이 통제되지 않는 거예요.**

• I was going to let my hair grow, but it just got so uncomfortable. I couldn't help it.

  머리 좀 기르려고 했는데 너무 불편해서 못 참겠더라.

• I started playing because I had nothing better to do, but I found myself playing it for hours. I couldn't help it.

  심심해서 시작한 건데, 정신 차리고 보니 몇 시간째 게임을 하고 있더라고. 통제가 안 돼.

✍ **can't help + 동사ing는 나도 모르게 어떤 생각이 계속 들거나 어떤 행동을 계속하게 되는 것을 말해요.**

• Excuse me. Sorry, but I couldn't help overhearing. Did you say that the park will be closed next week?

  실례합니다. 죄송해요, 저도 모르게 엿듣게 됐는데요. 다음 주에 공원이 닫는다고 하셨나요?

• I can't help wondering how things would've turned out had I made a different choice.

  내가 다른 선택을 했다면 결과가 어땠을지 계속 생각하게 돼.

• Sorry. I just can't help noticing the tattoo on your elbow. That's a beautiful tattoo. I've never seen anything like it. Does it mean anything?

  죄송한데 팔꿈치에 있는 타투가 계속 눈에 띄어서요. 정말 아름다운 타투네요. 이런 건 한 번도 본 적이 없어요. 무슨 의미가 있는 건가요?

PRACTICE ✏ 다양한 내용으로 연습하기 ②

◇ **can't help but + 동사원형**은 '어떻게 반응(대처, 조치, 행동)할 수밖에 없다'는 뜻인데, **can't help + 동사ing**와 쓰는 상황은 거의 비슷합니다.

- Excuse me, sir. I just couldn't help but notice. That's your son by the pool over there, right?

  죄송한데요. 계속 눈이 가서요. 저기 수영장 쪽에 있는 저 아이가 그쪽 아들 맞죠?

- I haven't been able to reach her for hours. I can't help but think that something might have happened to her.

  벌써 몇 시간째 그녀와 연락이 안 되고 있어요. 무슨 일이 생겼을지도 모른다는 생각이 자꾸 들어요.

- When you hear stories like this, you can't help but wonder if there really is such a thing as reincarnation.

  이런 이야기를 들으면 진짜 환생이라는 게 있을까 하는 생각이 들 수밖에 없을 거야.

TIP 해석에만 의존하면 안 되는 이유

- There's nothing I can do about it but wait.
  기다리는 수밖에 없어.

위 예문에서 '할 수밖에 없다'라고 말한 건 기다리는 것 말고 달리 할 게 없기 때문에 쓴 거예요. 한편 can't help + 동사ing 또는 can't help but + 동사원형은 '할 수밖에 없다'라고 똑같이 해석되지만, 그렇게 안 하고는 못 배기는 상황, 즉 스스로가 도저히 통제되지 않는 상황이라는 차이가 있습니다.

★☆☆

UNIT 35

Not that I know of.
내가 알기론 없는데.

▶ **No 대신 Not that I know of를 써보세요.**

어떤 상황이든 변수는 늘 있기 마련이라, 단순히 No.라고 말하는 것보다 Not that I know of.라고 하는 게 훨씬 좋게 들리는 경우가 많습니다. 이 표현의 또 다른 장점은, '내가 알기로는'이 영어로 뭔지 고민할 필요가 없다는 거예요. Not that I know of를 알고 있으면 간단히 해결되죠.

HOW IT'S USED ♀ 기본 예문으로 표현 익히기

A: Is there a gas station near here?

혹시 이 근처에 주유소 있어?

B: Not that I know of.

내가 알기로는 없는데.

DIALOGUE 💬 일상 대화 속에서 활용 감각 키우기

A There's a way to use ChatGPT using voice recognition, right?

챗GPT를 음성인식을 활용해서 사용하는 방법이 있지?

B **Not that I know of**, at least not for free.

내가 알기로는 없어. 적어도 무료로는.

C Actually, there is a way using third party services.

타사 서비스를 통해 이용하는 방법이 있긴 해.

B Whoa, really? Have you tried it?

오, 그래? 써봤어?

C Yeah, but it's usually in limited instances.

응. 근데 대개는 횟수 제한이 있어.

B Still, that's better than nothing.

그래도 되는 게 어디야?

C Plus, the function itself is really buggy. Sometimes, it just never understands what you're saying, especially in loud environments.

게다가 기능 자체가 버그가 심해. 어쩔 때는 말하는 것을 전혀 제대로 인식을 못 하더라고. 특히 시끄러운 공간에서는.

- A: Is she married?

  그 여자 결혼했어?

  B: Not that I know of.

  나는 안 한 걸로 알고 있어.

- A: Do they open on weekends?

  거기 주말에도 열어?

  B: Not that I know of.

  내가 알기로는 안 열어.

- A: Are there any holidays this month?

  이번 달에 공휴일이 있니?

  B: Not that I know of.

  내가 알기로는 없어.

- A: Look at all this traffic. Is there another way to get there?

  이 차들 좀 봐. 거기 가는 다른 길은 없어?

  B: Not that I know of.

  내가 알기로는 없어.

- A: Did they push back the meeting?

  회의가 미뤄졌나요?

  B: Not that I'm aware of*.

  제가 알기로는 아니에요.

  * **know** 대신 **be aware of**라고 하면, 약간 더 격식을 차린 느낌이 나요.

FURTHER USE ✏ 응용 및 심화 표현 배우기

⊘ **강조형으로 not to the best of one's knowledge가 있어요.**

- A: Do they have an EV charging station?

  거기 전기차 충전소가 있니?

  B: Not to the best of my knowledge.*

  난 없는 걸로 알고 있어.

  * the best of를 생략하고 not to my knowledge라고 해도 돼요.

⊘ **not really in the traditional sense는 '전형적인 관점에서 보면 꼭 그렇지는 않다'는 뜻입니다. 거창하게 들릴 수 있지만 빠르게 변하는 요즘, 의외로 쓸 일이 많아요.**

- A: What kind of movie is this? Is it comedy?

  이건 무슨 영화야? 코미디야?

  B: Not really in the traditional sense, but I think it's hilarious.

  전형적인 면에서는 아니긴 한데, 엄청 웃기다고 생각해.

⊘ **'내가 알기로는 그래'라고 답할 때는 '내가 알기로는'의 의미를 가진 as far as I know, from what I know, based on what I know 등을 활용해요.**

- A: Do you know if they validate* parking here?

  여기 주차 정산해주는지 혹시 아세요?

  B: Yes. As far as I know, they do.

  네. 제가 알기로는 해줄 거예요.

  * validate 자체만 놓고 보면 '인증하다/승인하다'라는 뜻인데,
여기서는 '주차를 인증하다/승인하다'가 '정산하다'라는 의미로 의역되었어요.

UNIT 36
★☆☆

I'm having second thoughts about this.
이게 맞는지 잘 모르겠어.

▶ 의심하게 되고 주저하게 되고 다시 생각하게 된다고요?

'내가 과연 잘 선택한 것일까?' '이게 정말 최선일까?' '다른 방법은 없는 걸까?' 이런 생각이 들면서 다시 고민하는 걸 원어민은 have second thoughts라고 말해요. 맥락에 따라 정말 다양하게 해석되지만 핵심은 '의심'이 들어서 다시 생각하는 거예요. 주로 마음이 바뀐 상황에서 자주 쓰는 표현이에요.

HOW IT'S USED 🔍 기본 예문으로 표현 익히기

• If you're having second thoughts about this, it's not too late to stop.

이게 맞는지 잘 모르겠으면 그만해도 돼.

• Are you having second thoughts about going there?

너 거기에 가는 것에 대해서 확신이 안 서서 그래?

A Brian! I heard you bought your first house. Congratulations, man!

브라이언! 너 첫 집 샀다면서. 자식, 축하한다!

B Thanks, but it's not final yet. Truth be told, I'm having second thoughts about the whole thing.

고맙지만, 아직 확정된 것은 아니야. 솔직히 말해서, 과연 잘하는 것일까 하는 생각이 들어.

A Why? Is there something wrong with the house?

왜? 집에 무슨 문제라도 있어?

B No. The house is fine. I'm just having second thoughts about buying a house altogether. You know what I mean?

아니. 집은 좋은데, 집을 구매하는 것 자체에 대해서 고민을 다시 하고 있어. 무슨 말인지 알지?

A Oh, right. Absolutely. There's a lot to think about.

아, 그래. 물론 그렇지. 아무래도 따져볼 게 많지.

- I'm having second thoughts about my decision to get a job in a foreign country.

  해외에서 취직하기로 한 내 결정이 과연 잘하는 것일까 의심이 들어.

- I'm having second thoughts about moving back in with my parents after what happened last time.

  지난번에 그 일 있고 나니 다시 부모님이랑 사는 게 잘하는 것인지 모르겠어.

- If you're having second thoughts about us working together*, I completely understand.

  우리가 같이 일하는 것에 대해서 다시 생각이 든다면, 충분히 이해해요.

  * 이걸 **about working with us**로 쓰면 안 되느냐는 질문이 항상 나오는데요.
  해석보다는 뉘앙스에 차이가 있어요. **working with us**가 우리와 조인해서 일하는 것이라면,
  us working together는 처음부터 같이 시작하는 느낌이에요.

- I know I said I'd go, but I've been having* second thoughts about the trip.

  내가 가겠다고 한 건 아는데, 이번 여행을 가는 게 과연 맞는지 그동안 고민이 좀 되더라고.

  * 현재완료진행형을 쓰면 그런 의심과 고민이
  지금 이 순간만이 아니라 과거부터 이어져 오고 있음을 의미해요.

- I admit. I did have* second thoughts about it. But not anymore.

  인정해. 의심이 들긴 했었어. 근데 지금은 아니야.

  * 이렇게 **had**를 **did have**로 풀어서 얘기하면 '의심이 들긴 했어'라고 강조하는 거예요.

✅ second-guess도 비슷한데, 폭넓게 쓰는 have second thoughts와 달리 결정, 판단에 대한 의심을 강조합니다. 그래서 second-guess the trip이라고는 하지 않아요.

- Stop second-guessing yourself like that. You're doing just fine.

  스스로에 대해서 자꾸 그렇게 의심하지 마. 넌 잘하고 있어.

- He's become more anxious and insecure since the incident, constantly second-guessing himself and others.

  그는 그 일이 있고 나서 더 불안해하고 자신 없어 해요. 자기 자신과 다른 사람들에 대해 계속 의구심을 품어요.

✅ think twice는 '의심'해서라기보다 '신중'하기 위해서 다시 생각하는 거예요.

- No matter how genuine the offer sounds, it's always good to think twice before making a decision.

  제안이 아무리 진짜 같아도, 결정을 내리기 전에 한 번 더 생각해보는 것은 언제나 좋아.

- If I were you, I'd think twice before agreeing to do something like that.

  내가 너라면, 그런 일을 하기로 약속하기 전에 다시 한번 생각해보겠어.

✅ have reservations about은 무엇을 하는 데 있어 걱정이 되어 주저하는 상태를 말하는, 좀 더 격식을 차린 표현입니다.

- Communication is key. If you have any reservations about the deal, don't hesitate to reach out so we can talk things through.

  소통이 가장 중요해요. 그 거래에 대해서 조금이라도 우려되는 부분이 있다면 주저하지 말고 말씀하세요. 자세히 이야기 나눌 수 있으니까요.

If you need me, just say the word.

내가 필요하면, 말만 해.

▶ **just say the word는 기분 좋게 지원하는 거예요.**

한국어로 "말만 해"와 의미와 어감이 거의 100% 일치하는 표현입니다. 흔한 오해 중 하나가 이 표현을 은어 또는 슬랭으로 착각하는 건데, 실제로는 격식을 차린 곳에서도 많이 쓰니까 걱정 마세요.

HOW IT'S USED 🔍 기본 예문으로 표현 익히기

- **If you need me, just say the word. I'm off today.**
  내가 필요하면 말만 해. 나 오늘 쉬어.

- **We're here to help you. So just say the word.**
  우린 도우러 온 거니까, 말만 해.

- **I have an extra one at home. Just say the word.**
  나 집에 여분이 하나 있으니까, 말만 해.

A Hey, what are you doing tomorrow?

야, 너 내일 뭐 해?

B Tomorrow? I'm actually planning to clean out some stuff I don't need in my apartment. Maybe even some furniture.

내일? 사실 집에 필요 없는 것들 좀 정리할 생각이야. 심지어 어쩌면 가구도 좀.

A Oh. If you need any help, I'm not doing anything tomorrow.

아. 도와줄 거 있으면, 나 내일 아무것도 안 하거든.

B Well, my brother is coming over to help me. But if I decide to throw out some furniture, it would be nice to have an extra pair of hands*.

음, 동생이 와서 도와주기로 했는데, 가구까지 버릴 수도 있으니까 도움이 있으면 좋긴 하겠다.

A Just say the word.

말만 해.

B Alright. I'll let you know if I need you.

알았어. 필요하면 얘기할게.

* an extra pair of hands는 추가적인 도움 또는 그런 도움을 줄 수 있는 사람을 의미해요.

✐ **just say the word는 상대방을 안심시키고 기분 좋게 하는 표현입니다.**

- Don't try to do everything on your own. If you need something, just say the word.

  다 혼자 하려고 하지 말고. 필요한 게 있으면, 말만 해.

- I got my bonus today! Let's go out. Whatever you want. Just say the word.

  나 오늘 보너스 받았어! 외식하자. 네가 원하는 거 뭐든 좋아. 말만 해.

✐ **Just say the word and I'll ~로 내용을 이어서 말해보세요.**

- You like it? There's plenty more where that came from. Just say the word and I'll get you more.

  맛있어? 그거 엄청 많아. 더 가져다줄 테니까 말만 해.

- If there's anything else you need, just say the word and I'll run out and get it.

  뭐 또 필요한 거 있으면 말만 해. 내가 바로 나가서 사 올게.

- Does the music bother you? Just say the word and I'll put on my headphones.

  음악 방해 돼? 말만 해. 내가 헤드폰 쓸게.

⊘ **Just say the word and I can ~ 형식으로도 말을 많이 합니다.**

- If you need any help, just say the word and I can clear my morning.

  도움 필요하면 말만 해. 나 아침 시간 뺄 수 있으니까.

- If you're not happy with this, just say the word and I can show you some other options.

  이게 마음에 안 들면 말만 해. 다른 옵션도 보여줄 수 있으니까.

- I know a guy who can take care of* that for you. Just say the word and I can hook you up.

  그거 해결해줄 수 있는 사람 알거든. 바로 연결해줄 수 있으니까 말만 해.

  > * take care of는 '돌보다'라는 뜻 말고도
  > '해결하다/수습하다/처리하다'라는 뜻으로도 정말 자주 써요.

- I should have a few lying around at home. Just say the word and I can take some with me on my way out and drop them off* for you after work.

  나 집에 굴러다니는 게 몇 개 있을 거야. 나가는 길에 몇 개 가지고 나와서 퇴근 후에 가져다줄 수 있으니까 말만 해.

  > * drop off는 흔히 '사람을 내려주다'는 의미로 알고 있을 거예요.
  > 하지만 이렇게 '사물을 가져다주다/배달해주다'라는 의미로도 써요.

UNIT 38

★☆☆

Just so you know, that's not mine.

참고로, 그거 내 거 아냐.

▶ **이야기를 하다가 설명을 덧붙일 때 쓰는 표현이에요.**

"혹시나 해서 하는 말인데"라고 말할 때 just so you know를 자주 씁니다. 강의를 통해 응용된 활용도 다양하게 배우게 될 건데요. 가끔 by the way와 헷갈려하는 사람이 있어요. by the way는 "아참" "그나저나"같이 감탄사에 더 가까운 표현이에요. 원어민들은 거의 습관적으로 입에 달고 사는 just so you know, 같이 배워요.

HOW IT'S USED 🔍 기본 예문으로 표현 익히기

- Just so you know, that's not mine.
  참고로, 그거 내 거 아냐.

- Just so you know, I had nothing to do with this.
  참고로, 난 이번 일과 아무런 상관이 없었어.

- Just so you know, I already told Brian about it.
  참고로, 브라이언한테는 그것에 관해 이미 얘기했어.

A I decided to quit my job.

나 일 그만두기로 했어.

B Really? Wow. OK.

진짜? 와. 그렇구나.

A Yeah. And just so you know, it's not something I just suddenly decided. I've thought things through. I have a plan.

응. 그리고 참고로, 그냥 갑자기 내린 결정이 아니야. 정말 생각을 많이 한 거고 계획이 있어.

B OK. So what's your next move?

좋아. 그럼 이제 어떻게 할 건데?

A I'm going to take a break for about a month. Then, I'm going to prepare for graduate school. I feel like a research job would be better for me.

한 달 정도 쉬다가, 대학원 준비하려고. 난 연구직이 더 잘 맞는 것 같아.

B Well, I guess no matter how good a job is, if it's not for you, it's not for you.

뭐, 아무리 좋은 직장이라도 본인한테 맞지 않으면 소용없지.

⊘ **just so you know는 대개 문장 앞에 오는 편이지만, 문장 끝에 오기도 합니다.**

- Just so you know, I'm not just doing this for the money.
  참고로, 난 이걸 돈만 보고 하는 게 아니야.

- Just so you know, the total cost will probably be more than this.
  참고로, 전체 비용이 아마 이것보다는 많이 나올 거야.

- It can take more than an hour depending on your network speed, just so you know.
  네트워크 속도에 따라서 한 시간 넘게 걸릴 수도 있어. 알고 있으라고.

- Just so you know*, I really appreciate you helping me like this.
  네가 나를 이렇게 도와줘서 정말 고맙게 생각하고 있다는 거 알아줘.

  * just so you know는 대개 '참고로'라는 뜻이 어울리는 편이지만
  이렇게 맥락에 따라 조금씩 다르게 해석하는 게 자연스러울 때도 있어요.

(T̲I̲P̲) **결국 so that의 활용**

사실 이 표현의 본 모습은 just so that you know입니다. 원래 so that이 '어떻게 하도록/되도록'이라는 의미잖아요. 여기서 that이 생략되고 그 앞에 just가 붙음으로써 '다른 이유가 있어서가 아니라 그저 네가 알도록'이라는 느낌이 전달되는 거예요.

☑️ **just so you know의 표현 방식을 응용한 다른 표현들을 배워봅시다.**

- Just so everybody knows, her grandmother just passed away. So even if she seems a little quiet today, don't make weird jokes, OK?

  모두 알고 있으라고 하는 말인데, 걔네 할머니가 최근에 돌아가셨대. 그러니까 걔가 오늘 좀 조용 하더라도, 이상한 농담 하지 마. 알았지?

- Just so it's said, I have nothing against doctors.

  한 가지 말해두고 싶은 게, 제가 의사에 대해 안 좋은 감정이 있는 것은 아니에요.

- Just so we're clear, this is just an initial estimate.

  우리가 짚고 넘어가야 하는 게, 이건 단지 초기 견적이라는 거예요.

- I feel like we should go over the entire thing together a few more times, just so there's no confusion.

  혼동하는 부분이 없도록, 전체적으로 몇 번 같이 훑어보는 게 좋을 것 같아요.

- I'd like to go over everything before we begin just so we're all on the same page*.

  서로 완전히 다른 얘기를 하는 상황을 피하기 위해 시작하기 전에 전체적으로 같이 확인을 한 번 하면 좋겠어요.

  > * 여기서 **be on the same page**는 '이해하고 있는 내용이 같다'라는 의미로 쓰였어요.
  > 사실이나 정보 외에 감정이나 느낌에 대해서도 쓸 수 있는 표현이에요.

★☆☆

UNIT 39

People never change. You know how it is.

사람들은 안 변해. 너도 알잖아.

> ▶ 더 이상 설명하지 않아도 "뭔지 알지?"
>
> 상대방도 겪어서 잘 알고 있을 내용에 대해서 "어떤지 너도 알잖아"라며 동의나 공감을 구할 때, 영어로는 you know how it is.라고 말할 때가 많습니다. 원어민들은 감탄사처럼 습관적으로 이 표현을 써요. you know how 다음에 쓰는 내용에 따라 사람이나 장소, 시기에 대해서도 말할 수 있어요.

HOW IT'S USED 🔍 기본 예문으로 표현 익히기

- **People never change.** You know how it is.

  사람들은 안 변해. 너도 알잖아.

- **Come on.** You know how it is. **At the end of the day, it's always about money.**

  에이. 너도 뭔지 알잖아. 결국에는 다 돈이야.

A Sorry I'm late. I got caught up at work. My supervisor is one of those people who think that work starts at 5 in the evening. You know how it is.

늦어서 죄송해요. 회사에 잠깐 묶여 있었어요. 제 상사가 저녁 5시에 근무가 시작된다고 생각하는, 약간 그런 부류거든요. 뭔지 알죠?

B Sure. Back in my day, that was pretty much the norm. I didn't think people had to deal with that anymore. That supervisor of yours needs to get with the times.

알지. 나 때는 그게 거의 일반적이었어. 요즘 사람들은 그런 거 없는 줄 알았는데. 너네 상사라는 사람은 지금 시대가 어느 때인데 정신 좀 차려야겠다.

A You can say that again.

그러게 말이에요.

B Oh, I went ahead and ordered us a set for two. I hope that's OK. Nowadays, I don't even have the patience to look through the menu. You know what I mean?

아, 그리고 내가 그냥 알아서 2인 세트 시켰는데, 괜찮지? 요즘은 메뉴 고르는 것도 귀찮더라고. 뭔지 알지?

PRACTICE 🖋 다양한 내용으로 연습하기

- That's just what happens when kids go through puberty. Come on, you know how it is.

  애들은 사춘기를 거치면서 원래 그러는 거야. 왜 그래, 너도 뭔지 알잖아.

- I really wasn't planning to be up all night, but I just couldn't stop watching. You know how it is.

  정말로 밤을 새울 생각이 아니었는데 못 멈추고 계속 보게 되더라고. 뭔지 알지?

- Sorry if I got a little emotional before. I was just so stressed out with other stuff. Mondays are always tough. You know how it is.

  아까 제가 좀 감정적으로 굴었다면 사과할게요. 다른 일 때문에 너무 스트레스가 심한 상태였거든요. 월요일은 항상 힘들어요. 뭔지 알죠?

- You know how it is. Sometimes people get so invested in something that they have to stick to it no matter how unreasonable it is. It happens all the time.

  그런 거 있잖아. 뭔가에 너무 투자를 많이 한 상태여서 그게 아무리 말이 안 돼도 무조건 그걸로 밀고 가는 거 말이야. 늘 있는 일이지.

T I P Do you know what I mean?과의 뉘앙스 차이

Do you know what I mean? / Do you know what I'm saying?을 비슷한 의미로 쓸 때도 있지만, 이 둘은 기본적으로 상대방이 내 말을 이해했는지를 확인하기 위한 취지로 하는 말입니다. 반면 You know how it is는 상대방도 잘 아는 내용이라는 사실을 상기시키기 위한 말이에요.

FURTHER USE ✎ 응용 및 심화 표현 배우기

⊘ 어떤 사람에 대해서 말할 때

- You know how she/he is.
  걔가 어떤지 알잖아.

- You know how your sister is **about*** people touching her stuff.
  너네 누나, 다른 사람들이 자기 물건 만지는 거에 대해서 어떤지(어떤 생각을 갖고 있는지/어떤
  태도를 취하고 반응하는지) 너도 알잖아.

  * about을 사용해 무엇에 대한 내용인지를 이어서 설명할 수 있어요.

⊘ 특정 장소에 대해서 말할 때

- You know how it is there.
  거기가 어떤지 너도 알잖아.

⊘ 어느 시점이나 시기에 대해서 말할 때

- You know how it is just after a break-up.
  막 헤어지고 나면 어떤지 너도 알잖아.

⊘ 단순히 어떤지(how)가 아니라 얼마나 어떤지(how + 형용사) 말할 때

- You know how busy it gets **there on weekends. We should
  probably just wait until Monday.**
  주말에는 거기가 얼마나 바쁜지 너도 알잖아. 아무래도 그냥 월요일까지 기다리는 게 좋겠어.

UNIT 40
★☆☆

At the end of the day, it's just a job.
결국은, 그냥 일일 뿐이야.

▶ **우리가 '결국'이라고 말하는 상황은 여러가지가 있어요.**

흔히 "결국, 어디로 갈지 못 정했어"처럼 시간의 흐름에 따른 결과를 말할 때만 쓴다고 생각하기 쉽지만, "결국, 건강이 가장 중요해"처럼 이것저것 다 따져보고 겪어본 다음에 남은, 근본적인 사실을 말할 때도 써요. 흔히 아는 eventually와 어떻게 다른지 생각하면서 at the end of the day를 배워봐요.

HOW IT'S USED 🔍 기본 예문으로 표현 익히기

• At the end of the day, it's just a job.
결국은, 그냥 일일 뿐이야.

• At the end of the day, I'm responsible for what happened.
(이러니 저러니 해도) 결국에는, 나 때문에 일어난 일이야.

DIALOGUE 💬 일상 대화 속에서 활용 감각 키우기

A Sometimes, I feel like my kids are trying to do the opposite of what I tell them to do. Do you ever feel like that with your kids?

때로는, 우리 애들이 내가 하라는 것과 일부러 반대로 하려는 것 같다고 느껴. 너도 그래?

B Of course. I think it's something all parents and children go through.

물론이지. 모든 부모와 아이들이 겪는 게 아닐까 싶은데.

A So, how do you handle it?

넌 그래서 어떻게 해?

B I've just accepted it because, at the end of the day, it's their life and they should be able to make their decisions.

그냥 받아들였지. 왜냐면, 결국은 자신의 인생이고 스스로 결정을 내릴 수 있어야 하니까.

- At the end of the day, it's a business and they're your clients.

  (어떻게 느끼더라도) 결국, 이것은 사업이고 그들은 너의 고객이야.

- We have our issues, but at the end of the day, we tend to stick together as a family. We always have.

  저희 나름 어려움도 있지만 결국은 가족으로서 잘 뭉치는 편이에요. 늘 그래 왔어요.

- Money may not be the most important thing in the world, but at the end of the day, it's something you can't live without.

  세상에서 돈이 가장 중요하지 않을 수도 있지. 하지만 (돈에 대해서 이런저런 것을 따지더라도) 결국, 돈 없이 살 수 없어.

- They tried hard to make up for their mistakes, but at the end of the day, people just remembered them as "the company that took advantage of their customers."

  그들은 실수를 만회하려고 열심히 노력했지만, (이런저런 노력에도 불구하고) 사람들은 끝내 그들을 '고객들을 이용한 회사'로만 기억했다.

> **TIP** at the end of the day의 발음
>
> at the end of the day를 원어민이 발음할 때는 of의 f가 묵음 처리 되어서 [애띠 - 앤더더데이]
> 처럼 들립니다.

✓ **eventually도 비슷하지만 '이런저런 일이 있고 나서' 또는 '시간이 흐른 뒤에' 결과적으로 일어난 일에 대해 말할 때 쓰는 편입니다.**

• Eventually, he went back to his old job.

   (이런저런 일이 있고 난 후에) 결국, 그는 전에 하던 일로 돌아갔어.

• Eventually, we went with an SUV.

   (고민 끝에) 결국은, SUV로 결정했어.

✓ **later on은 '나중에 가서'라는 뜻이에요.**

• Don't worry about that right now. You'll have plenty of opportunities to make money later on.

   그건 지금 걱정하지 마. 돈을 벌 기회는 나중에 가서도 충분히 있을 테니까.

✓ **down the road는 later on과 의미상 아주 비슷한데, '어떤 특정한 일을 진행시키는 과정에서 앞으로'라는 의미를 포함한다는 점에서 차이가 있어요.**

• We'll have to deal with more situations like this down the road.

   (이 일을 하면서) 앞으로 이런 상황이 더 생길 거야.

TIP **finally는 '결국은'이 아니에요**

'결국은'을 finally로 생각하는 사람들이 있는데, finally는 '드디어/마침내' 원하고 기대했던 결과를 노력 끝에 얻어냈다는 의미입니다.

• I <u>finally</u> found what I was looking for.
   내가 찾고 있던 걸 <u>드디어</u> 찾았어.
• I <u>eventually</u> found what I was looking for.
   내가 찾고 있던 걸 <u>결국에는</u> 찾았어.

UNIT 41

★☆☆

Don't worry. It's not a big deal.

걱정하지 마. 별일 아니야.

▶ **"별 거 아냐"를 영어로 어떻게 말할까요?**

이럴 때 흔하게 쓰는 표현이 It's not a big deal.이에요. 이처럼 big deal은 맥락에 따라 '중요한 일/대단한 일/별일/큰일' 등의 의미를 가져요. 이 표현은 문장 속에서 다양한 모습으로 쓰이기 때문에 정해진 패턴을 찾으려고 하면 익히기 힘들어요.

HOW IT'S USED 🔍 기본 예문으로 표현 익히기

- **Don't worry. It's not a big deal.**
  걱정하지 마. 별일 아니야.

- **It was a really big deal then.**
  당시엔 엄청 대단한 거였어.

- **What's the big deal? Everyone else does this.**
  뭐 어때서? 다들 이렇게 하잖아.

A Where's Kenny?

케니는 어딨어?

B He's in the car. I think he needs his diaper changed.

차에 있어. 걔 기저귀 갈 때 된 것 같아.

A What? You left him in the car by himself?

뭐? 어떻게 아이 혼자 차에 두고 올 수가 있어?

B Yeah. What's the big deal? I left the window open.

응. 뭐 어때서? 창문을 살짝 열어놨어.

A How could that not be a big deal? People get arrested for that here. That's child neglect.

그게 어떻게 별일이 아닐 수가 있어? 여기선 사람들이 그걸로 감옥도 가는 거 몰라? 아동

방임이라고.

B Really? He was asleep and I just didn't want to wake him.

진짜? 잠들었길래 그냥 안 깨우려고 한 건데.

- It's not a big deal. OK? I'll just take it back tomorrow.

  큰일 난 거 아니야. 알았지? 내가 내일 그냥 다시 가져가면 돼.

- It's not that big of* a deal yet, but let's wait and see what happens.

  아직 그렇게 큰 문제는 아니지만 어떻게 되는지 지켜보자.

  > *강조를 위한 수식어 that 때문에 of를 썼는데,
  > 생략해서 말하기도 해요. It's not that big a deal.

- I don't know why this is such a big deal. Everyone has been there, right?

  이게 왜 그렇게 큰일인지 난 잘 모르겠어. 누구나 한 번은 다 겪는 일이잖아, 아니야?

- Back then, if you had your own car, it was a pretty big deal.

  당시에는 자가용이 있으면 꽤 대단한 거였어.

TIP big deal이 어울리는 맥락 ─────

big deal을 나쁜 일, 부정적인 것에 대해서만 쓴다고 오해하는 사람이 있는데 그렇지 않아요. 다음 대화에서 볼 수 있듯 맥락에 따라 긍정적인 내용을 의미하기도 합니다.

- A: You don't have to thank me. It's no big deal.

  고마워할 필요 없어. 진짜 별 거 아니야.

  B: Well, it's a big deal to us. So again, thank you so much.

  그래도, 우리한테는 큰 거야. 다시 한번, 정말 고마워.

FURNTHER USE 🖊 응용 및 심화 표현 배우기

⊘ make a big deal out of는 '일을 크게 만들다/부풀리다'라는 의미예요.

- Look. We've already got plenty of things to worry about. Let's not make a big deal out of this, OK?

  야. 이미 신경 쓸 거 많은데 이 일을 크게 만들지 말자고, 알았지?

- It was just one meal and people made a really big deal out of it as if we were dating or something.

  둘이 식사 한 번 했을 뿐인데 사람들이 엄청 큰일인 것처럼 부풀리더라고. 마치 우리가 사귀기라도 하는 것처럼 말이야.

⊘ What's the big deal?은 별것도 아닌데 왜 그렇게 난리를 치냐는 뉘앙스가 느껴져요. 뭐가 문제냐고 따지는 느낌도 약간 나요. 이때 어떻게 받아치는지도 보세요.

- A: What's the big deal?

  그게 뭐가 그렇게 큰일이라고?

  B: The big deal is that you cut us out. We're a team. You can't make decisions like that on your own.

  네가 우리를 소외시켰다는 게 큰일인 거지. 우리는 팀이잖아. 그런 결정을 너 혼자서 내리면 안 된다고.

- A: So, I spent my own money. What's the big deal?

  그래요, 제가 제 돈 좀 썼어요. 뭐가 그렇게 큰 문제예요?

  B: The big deal is that you're 32 and you're acting like you're still 20.

  32살이나 됐는데 아직도 20살인 것처럼 행동하니까 문제지.

I think I can get around to it today.

오늘은 할 수 있을 것 같아.

★★☆

UNIT
42

▶ **"~할 짬이 나다"를 어떻게 영어로 말할까요?**

이럴 때 많이 쓰는 표현으로 get around to it이 있어요. 뭔가
를 돌아서(get around) 어디로 간다(to it)는 게 핵심이에요.
그래서 '다른 중요한 일을 먼저 하고 나서, 마침내 그걸 할 시
간이 된다'라는 의미로 통하는 거고요. don't get around to it
으로 부정문이 되면, '~할 겨를이 없어' 정도의 의미를 나타내
요.

HOW IT'S USED 🔍 기본 예문으로 표현 익히기

• I don't know if I'll get around to it today, but I'll try.

오늘 시간이 날지 모르겠는데, 노력해볼게.

• I didn't think I would get around to it today, but I did.

오늘은 못 할 줄 알았는데, 했어.

• I don't mean to push you, but when do you think you
can get around to it?

재촉하려는 건 아닌데, 언제쯤 할 수 있을 것 같아?

DIALOGUE 💬 일상 대화 속에서 활용 감각 키우기

A How did it go at the dentist today?

오늘 치과는 잘 다녀왔어?

B Oh. I didn't go, actually.

아. 사실 오늘 안 갔어.

A What? Did you forget again?

뭐? 또 까먹은 거야?

B No. I just never got around to it. I was stuck at the office all day.

아니. 그럴 겨를이 없었어. 하루 종일 사무실에 묶여 있었어.

A That's what you said the last time.

너 저번에도 그랬잖아.

B I know, but it's like I said. This is our busiest time of the year. Relax. I'll go. I already called them and told them I'd be there next week.

알아. 내가 그랬잖아. 지금이 1년 중에 가장 바쁠 때라고. 걱정 마. 갈 거야. 벌써 전화해서 다음 주에 가겠다고 했어.

UNIT 42. 드디어 겨를이 생겼을 때 get around to it   231

⚗ **오랫동안 생각은 했는데 다른 일이 바빠서 결국에는 못 하게 된 것에 대해서 말할 때는 not/never를 포함한 부정문 형태로 씁니다.**

- I've been meaning to get a perm for a while. I just haven't gotten around to it.

  오래 전부터 파마를 하고 싶었는데, 그럴 시간이 없었어.

- I really wanted to see the movie since before it even came out. I just haven't gotten around to it yet.

  그 영화 나오기도 전부터 정말 보고 싶었는데, 그냥 아직 기회가 없었어.

⚗ **never got around to it until now를 써서 '이제야 그럴 겨를/시간/기회/여유 등이 생겼다'라고 말해요.**

- I've had this on my to-do list for a while. I just never got around to it until now.

  꽤 오랫동안 할 일 중 하나였는데, 이제야 좀 겨를이 생겼어.

- Well, I've been thinking about moving for a few years now, but I've been so busy with work and I just never got around to it until now.

  이사 생각은 몇 년째 하고 있었는데, 그동안 일이 너무 바빠서 이제야 좀 겨를이 생긴 거야.

⚗ **언제 시간이 날지 모르겠다고 말할 때도 쓸 수 있어요.**

- I'm going to do my best, but it's hard to say exactly when I'll get around to it.

  최대한 해보겠는데, 언제 시간이 될지 정확히 말하기는 어려워.

⊘ **it 대신 동사ing를 써서 보다 구체적으로 말할 수 있어요.**

• I decided to stop buying books. I never seem to get around to reading them and they just end up collecting dust.

  이제 책 안 사기로 했어. 읽을 겨를이 없다 보니 결국 그냥 먼지만 쌓이게 되더라고.

• I got it as a gift almost a year ago, but I already had 2 other cameras and I just never got around to using this one.

  거의 일 년 전에 선물로 받은 건데, 이미 다른 카메라 두 개가 있어서 이걸 쓸 기회가 없었어.

⊘ **조건절에서 쓰면 '짬 나면' '기회 되면' '시간 나면'과 같은 의미로 통해요.**

• Could you make a trip to the hardware store and pick up a few things for me? It's nothing urgent. Just whenever you can get around to it.

  철물점에 가서 몇 가지 좀 사다 줄래? 급한 건 아니야. 그냥 언제든 기회 되면.

TIP **have time/a chance/the opportunity와의 차이**

우선 형식 면에서 have time 또는 have a chance 또는 have the opportunity 다음에는 동사가 오는 반면, get around to 다음에는 명사 또는 명사구가 옵니다. 그리고 표현이 쓰이는 맥락이나 의미는 서로 비슷한 편인데 뉘앙스에 차이가 있어요. get around to it은 단순히 시간과 기회의 유무에서 한 발 더 나아가 우선 해야 할 다른 일이 존재함을 내포해요. 그래서 whenever you can get around to it이라고 하면 '먼저 해야 할 일을 다 마치고 나서 시간과 기회가 있다면'이라는 뜻이 돼요.

UNIT 43

★☆☆

Yeah, I was going to say.

어, 그러게.

▶ 대화할 때 단순히 질문과 대답만 주고받는 것은 아니잖아요.

실제로는 상대방이 한 말에 대해서 공감한다는 것을 보여주는 추임새 같은 표현들이 대화의 흐름을 더 부드럽고 자연스럽게 만드는데요. 이런 취지에서 "그러게" "내 말이" "맞아" "나도 딱 그 생각을 하고 있었어" 같은 말들을 영어로 배워볼 거예요.

HOW IT'S USED 🔍 기본 예문으로 표현 익히기

A: Doesn't she kind of remind you of Cindy?

쟤 신디 좀 닮지 않았어?

B: Yeah, I was going to say.

어, 그러게.

C: Oh, that's right! No wonder she looked so familiar.

어, 맞네! 어쩐지 낯이 익더라.

A Hmm. It looks like it's going to start raining any minute.

음, 곧 비가 쏟아질 분위기인데?

B Yeah, I was going to say. I didn't hear anything about any rain today. Did you?

어, 그러게. 비 온다는 얘기 못 들었는데. 넌 들었어?

A I hardly check the forecast anymore.

난 요즘 일기예보를 거의 안 봐서.

B My app says it's just going to be cloudy all day.

내 앱에서는 종일 흐리기만 할 거라는데.

A Well, we'd better be prepared just in case.

뭐, 혹시 모르니 대비해야겠다.

B The forecast is very unreliable these days. We might as well just carry an umbrella all the time.

요즘 일기예보가 거의 안 맞아. 이럴 거면 매일 우산을 가지고 다니는 게 낫겠어.

A I know. That's exactly why I don't bother checking.

맞아. 그래서 내가 일기예보를 굳이 확인하지 않는 거야.

- A: Wow. This place is a lot better than the one we went to yesterday.

  와. 여기 우리 어제 갔던 데보다 훨씬 좋다.

  B: Yeah, I was going to say*.

  어, 그러게.

  > * 사실 say 다음에 the same thing이 생략되어 있는 거예요.

- A: Wasn't this spot a bakery?

  여기에 빵집 있지 않았어?

  B: Yeah, I was about to say*. It looks like it's a cellphone store now.

  어, 그러게. 휴대폰 가게로 바뀌었나 보네.

  > * I was going to say 대신 I was about to say라고 함으로써 '방금' '막' 같은 얘기를 하려던 참이었던 것을 강조하기도 해요.

- A: I wonder if it's the best thing for shows like this to get into so much detail.

  이런 프로그램에서 저렇게 자세한 내용까지 다루는 게 최선인 건지 모르겠다.

  B: That's exactly what I was going to say*. Isn't it teaching criminals to be smarter?

  나도 딱 그 얘기를 하려고 했어. 범죄자들만 더 똑똑해지는 거 아닌가?

  > * that's exactly what을 앞에 붙여서 강조했어요.

> **TIP** I was going to say의 발음
>
> I was going to say는 '그러게'와 같이 감탄사처럼 쓰이는 거라 [아이-워스-고잉-투-쎄이]라고 정확히 발음하기보다 [아워스그느쎄이]처럼 연음 처리를 충분히 하는 게 좋습니다.

✅ **I know, right?도 비슷한 의미인데 활용 범위가 좀 더 넓습니다. 단순히 내가 하려던 말뿐 아니라 평소 내가 가지고 있던 생각, 의견인 것에 대해서도 쓰거든요.**

- A: Another celebrity drug incident? It's like becoming a trend.

  연예인 마약 사건이 또 터졌어? 무슨 유행인가 봐.

  B: I know, right? It's ridiculous.

  그러니까 말이야. 어처구니가 없어.

- A: Why is coffee so expensive these days?

  요즘 커피가 왜 이렇게 비싸?

  B: I know, right? And it's crazy how it doesn't seem to stop people.

  그러게 말이야. 진짜 놀라운 건 그렇다고 사람들이 안 사 먹지는 않는다는 거야.

✅ **비슷한 맥락에서 "나도 같은 생각 하고 있었어"라고도 말해보세요.**

- A: The weather is really nice these days. We should go someplace this weekend.

  요즘 날씨가 너무 좋다. 이번 주말에 어디 좀 가면 좋겠다.

  B: Yeah, I was just thinking the same thing.

  응, 나도 같은 생각 하고 있었어.

- A: Today's game was so boring. What a waste of money.

  오늘 경기는 너무 재미없었어. 돈 아깝네.

  B: Yeah, I know! I was thinking the same thing.

  맞아, 나도 같은 생각 하고 있었어.

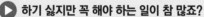

★ ☆ ☆

UNIT 44

Let's get it over with.
빨리 끝내버리자.

▶ 하기 싫지만 꼭 해야 하는 일이 참 많죠?

주사 맞기, 치과 치료, 과제, 상사와의 면담처럼 하기 싫고 귀찮고 두려운 일이 있을 때, 여러분은 어떻게 하세요? 저는 여러 번 경험해보니 그냥 눈 딱 감고 빨리 해치워버리는 게 최고더라고요. 이렇게 '끝내버리고' '해치워버리는' 것을 영어로 get it over with라고 해요. "에잇, 모르겠다!" 같은 감탄사 느낌으로도 자주 써요.

HOW IT'S USED 🔍 기본 예문으로 표현 익히기

A: Come on. What are you waiting for?

빨리 하자. 뭘 꾸물대고 있어?

B: Wait. Hold on. Shouldn't we talk about this first?

잠깐. 기다려 봐. 먼저 얘기 좀 해봐야 하는 거 아니야?

A: What's there to talk about? Let's just get it over with.

얘기할 게 뭐가 있어? 그냥 빨리 끝내버리자.

A You still haven't unboxed your stuff? What have you been doing? It's been hours. Everyone else is already done.

너 아직도 짐 안 풀었어? 뭐하고 있었어? 몇 시간이나 지났는데. 남들은 다 끝냈어.

B Look, just let me do it at my own pace, OK? It's not like the boxes are in your room.

야, 그냥 내 페이스에 맞게 할 테니까 좀 내버려둬, 어? 박스가 네 방에 있는 것도 아니잖아.

A Just do it and get it over with. What's wrong with you?

그냥 빨리 하고 끝내. 도대체 왜 그러니?

B I have a thing with* unpacking and organizing things, OK? I just need to take it a little at a time.

난 짐 풀고 정리하는 거랑 좀 그런 거 있거든. 그냥 천천히 하나씩 할게.

* have a thing with는 보통 ① 무엇에 대한 집착 ② 무엇과 잘 맞지 않는 성향을 가리키면서 설명하기엔 너무 길거나 어려운 상황에서 '아 좀 그런 거 있어'라는 느낌으로 말하는 거예요.

- Come on, we're getting close. Let's get this over with.

  자, 얼마 안 남았다. 빨리 끝내버리자.

- All right. Fine. You win. Let's go and get it over with.

  그래. 알았어. 네가 이겼다. 빨리 가서 끝내자.

- I don't care about any of that right now. I just want to get this over with.

  지금 나 그런 거는 생각하고 싶지도 않아. 그냥 이걸 빨리 끝내버리고 싶어.

- I know it wasn't the best timing, but I just wanted to get it over with.

  타이밍이 아주 좋지는 않았던 것은 아는데, 그냥 빨리 끝내버리고 싶었어.

- Oh, finally. I'm so glad we got that over with.* It's been a really tough week.

  오, 드디어. 끝나서 너무 다행이다. 진짜 힘든 한 주였어.

  * I'm so glad we got that over with의 경우 정보 전달이 목적이라기보다
  "휴, 끝나서 다행이다" 같은 기분을 표현해줘요.

> **TIP** 감탄사 같은 표현
>
> get it over with는 감탄사 느낌을 가지고 있어서 응용의 여지가 별로 없습니다. it을 this나 that같은 지시 대명사로 바꾸는 정도예요. 그 자리에 들어갈 말을 I want to get this work over with.처럼 풀어서 말하는 게 문법적으로 틀린 것은 아니지만 그렇게 쓰는 경우는 거의 없어요. Let's focus on getting it over with.도 틀린 것은 아니지만 어색해요. 다시 말하지만 감탄사 같은 표현이에요.

FURTHER USE ✍ 응용 및 심화 표현 배우기

✅ **be done with**는 '어떤 것이 몹시 싫어서 그것과의 관계를 끝내고 더 이상 신경 쓰고 싶지 않다'라는 뜻이에요. 좀 더 감정이 느껴지는 표현이에요.

- I'm done with her.

  난 걔랑 이제 끝이야.

- I'm not really worried about how well it turns out. I just want to finish it and be done with it.

  결과가 어떻든 사실 별로 걱정 안 하고 있어. 그냥 빨리 끝내고 더 이상 신경 쓰고 싶지 않아.

✅ **get something done**은 '~을 완성하다/완료하다/끝맺다'라는 의미예요.

- Let's all try to focus, please. The sooner we get this done, the sooner we can all go home.

  다들 집중 좀 합시다. 이걸 빨리 끝내야 다들 빨리 집에 가잖아요.

✅ **get something out of the way**는 '~을 끝내다/해치우다'라는 의미예요. 더 중요하고 더 재미있는 것을 하기 위해 덜 중요하고 덜 재미있는 것, 싫고 귀찮은 것을 먼저 끝내고 넘어간다는 느낌이 있어요.

- OK. Well, now that we got that out of the way, let's get into the interesting stuff.

  좋아요. 자, 그 얘기는 이제 끝났으니까, 이제 재미있는 부분으로 넘어가죠.

UNIT 45
★★☆

If it makes you feel any better, it took me 3 tries.
위로가 될지 모르겠지만, 난 세 번 만에 성공했어.

▶ 이 말의 의도는 상대방을 위로하기 위해서예요.

if it makes you feel any better는 직역하면 '이게 네 마음을 조금이라도 더 편하게 할 수 있다면'이라는 의미인데 맥락에 따라 '위로가 될지는 모르겠지만' '위로하자면' 등으로 좀 더 자연스럽게 해석할 수 있어요. 비교급을 쓴 것에서 알 수 있듯이 이 말 뒤에는 같은 처지의 일, 심지어 더 나쁜 일이 나오는 편이에요.

HOW IT'S USED 🔍 기본 예문으로 표현 익히기

- If it makes you feel any better, it took me 3 tries.

  위로가 될지 모르겠지만, 난 세 번 만에 성공했어.

- If it makes you feel any better, I have a drawer full of stuff in my room that I haven't touched in years.

  위로가 될지는 모르겠지만, 나는 내 방에 몇 년째 만지지도 않은 물건들이 서랍 한가득 있어.

A Why am I having such a hard time with this? This is supposed to be for children, right?

나 이걸 왜 이렇게 어려워하지? 이거 아이들 하라고 나온 거 맞지?

B If it makes you feel any better, I think I spent almost 3 hours on it. Stan finished it in less than an hour.

위로가 될지는 모르겠지만, 난 그거 거의 세 시간 걸렸어. 스탠은 한 시간 안에 끝냈고.

A You know what? I bet they do stuff like this all the time in school nowadays. All we did in school was memorize books, remember?

바로 그거다. 요즘 학교에서 맨날 시키는 게 분명히 이런 걸 거야. 우리 때는 학교에서 책만 외웠잖아, 기억나?

B It certainly seems like schools are focusing more on developing their creativity rather than filling their heads with information.

확실히 요즘은 아는 게 많은 사람보다 창의적인 생각을 하는 사람을 만드는 쪽으로 학교 교육이 바뀌는 것 같아.

- A: I can't believe I wasted almost a million won on this.

  이거에 거의 100만 원을 버렸다니, 말도 안 돼.

  B: That's how you learn. If it makes you feel any better, I've seen a lot of people spend a lot more than that.

  원래 그렇게 배우는 거야. 위로가 될지 모르겠는데, 그것보다 훨씬 더 많이 쓰는 사람도 많이 봤어.

- A: Oh, I think I ate too much. I am now officially a pig.

  아, 너무 많이 먹은 것 같아. 나는 이제 공식적으로 돼지다.

  B: Well, if it makes you feel any better, it was all just meat and vegetables. Nothing we just had was that fattening.

  음, 위로가 될지 모르겠는데, 다 고기랑 야채였어. 우리가 방금 먹은 것 중에 그렇게 살찌는 것은 없었어.

TIP if it makes you feel any better가 어울리는 맥락

의외로 이 표현이 어울리는 상황을 찾는 것을 어려워하는 경우가 많아요. 아래 대화를 볼게요.

- A: Oh, I'm late. Mr. Tate is going to kill me.
  어떡해, 늦었어. 테이트 씨가 날 죽일 거야.
  B: If it makes you feel any better, the meeting has been pushed back to 3 o'clock. So, you still have plenty of time.
  위로가 될지 모르겠지만, 미팅이 3시로 미뤄졌어. 그러니까 너 아직 시간 많아.

여기선 상대방이 완전히 잘못 알고 있던 것을 바로잡아 주고 있기 때문에 위로의 상황이 아니죠. 다시 말해, if it makes you feel any better는 어울리지 않습니다.

☑ **Is that supposed to make me feel better?**는 의문문의 형태를 가졌지만 실제로는 **That doesn't make me feel any better**, 즉 '그렇다고 위로가 되지는 않는다'라고 말하는 것과 같아요.

- A: I heard about the test. I'm sorry buddy. But hey, I heard Steven didn't pass, either.

  시험 얘기 들었어. 아쉽게 됐어. 근데, 스티븐도 합격 못 했다더라.

  B: Is that supposed to make me feel better?

  위로하려고 하는 얘기야?

  A: No. I'm just saying that it sounds like the test was really hard.

  아니. 그냥 시험이 그만큼 어려웠다는 것 같다는 거지.

- A: I don't believe it. Another rejection. I don't know how long I can keep doing this. What am I doing wrong?

  말도 안 돼. 또 거절됐어. 언제까지 이걸 계속할 수 있을지 모르겠다. 내가 뭘 잘못하는 거지?

  B: Well, you know what they say, "Success is 99% failure."

  그런 말도 있잖아. "성공은 99%의 실패에서 나온다."

  A: Is that supposed to make me feel better right now? I have 70 dollars in my bank and no job.

  지금 그걸 위로라고 하는 말이야? 나 계좌엔 70달러밖에 없고, 직업도 없다고.

빨모쌤의
영어 업그레이드 팁

부사를 더 많이 쓰세요

한국 사람들이 영어로 말하는 것을 들어보면 부사를 너무 안 쓴다는 인상을 자주 받아요. 그나마도 really, very, only처럼 쓰는 게 정해져 있어요.

물론 부사는 의미를 전달하는 데 결정적인 역할을 하지는 않아요. 하지만 개인적으로는 영어를 배울 때 부사를 쓸 수 있으면 무조건 쓰는 게 낫다고 생각하는 편이에요.

영어를 업그레이드하는 방법에는 여러가지가 있지만, 알고 있는 부사를 제대로만 활용해도 영어가 훨씬 더 자연스러워질 수 있어요. 다음 예문들을 통해 확인해보세요.

1. pleasantly
- I was surprised. 놀랐어요
- I was pleasantly surprised. 놀랐어요 (좋은 방향으로 놀랐다는 의미)

2. increasingly
- Things got worse. 상황이 더 안 좋아졌어요
- Things got increasingly worse. 상황이 점점 더 안 좋아졌어요

3. surprisingly

- It was in good condition. 상태가 좋네요.
- It was in surprisingly good condition. 상태가 의외로 좋네요.

4. definitely

- That's fake. 저거 가짜네.
- That's definitely fake. 저건 분명 가짜야.

5. particularly

- There wasn't a problem. 문제 없어.
- There wasn't particularly a problem. 딱히 문제가 있는 건 아니야.

6. necessarily

- You don't have to prepare a gift. 선물 준비할 필요 없어.
- You don't necessarily have to prepare a gift. 선물 꼭 준비할 필요는 없어.

부사 하나를 추가했을 뿐인데 맥락이 분명해지면서 전체적인 의미가 살아나는 것이 보이죠. 이처럼 부사는 여러분이 영어를 실제로 구사함에 있어 표현의 한계를 넓혀줍니다. thoroughly나 separately처럼 끝에 -ly가 붙음으로써 발음하기 까다로운 단어들도 있지만, 연습을 통해 익숙해지고 실제 활용할 수 있게 해나가면 좋겠어요.

CHAPTER 7

한국인의 뇌가 거부하는 흔한 영어 표현

★ ★ ★

UNIT 46

I can only do so much.
내가 할 수 있는 것도 한계가 있지.

▶ "내가 할 수 있는 것엔 한계가 있어"를 영어로 어떻게 말할까요?

There's a limit ~.이라고도 하지만 원어민이 can only ~ so much라고 하는 것도 많이 들을 수 있습니다. 이 표현의 핵심은 '능력의 한계'예요. 뒤에 나오는 so much만 듣고 '무엇을 많이 할 수 있다'라는 뜻으로 오해하지 않도록 주의하세요.

HOW IT'S USED 🔍 기본 예문으로 표현 익히기

- After a certain point, I can only do so much.

  어느 정도 지나고 나면, 내가 할 수 있는 것에도 한계가 있지.

- It's already April. We can only prepare so much.

  벌써 4월이야. 우리가 그렇게 많은 것을 준비할 수는 없어.

- You can only expect so much at this price.

  이 가격에서 기대할 수 있는 것에는 한계가 있어.

A Hmm. That was different.

흠. 뭔가 다르다.

B Well, I heard he didn't write this one, so I knew it could only be so good. But wow, this was so unexpected.

이번 거는 그가 쓴 게 아니라는 얘기를 들었거든. 그래서 그전 영화들이랑은 차이가 좀 있을 거라는 건 알았는데(그래서 이전 영화들만큼의 수준을 기대할 수 없을 거라는 것은 알았는데), 와, 이건 정말 의외네.

A Maybe he wanted to try something new. You know, because a director can only make so many of the same kind of movies.

새로운 시도를 하고 싶었을 수도 있어. 한 감독이 같은 종류의 영화를 계속 만드는 것도 한계가 있지.

B That's right. He's already made, like, four Sci-Fi movies about time travel.

맞아. 시간 여행을 다룬 SF 영화만 벌써 네 편인가 만들었잖아.

📝 **can only ~ so much는 기본적으로 무엇을 하는 데 한계가 있다는 의미이며 아쉬움을 표현하기 위해 자주 쓰입니다.**

- You can only expect so much from someone who has never done it before.

  한 번도 해보지 않은 사람으로부터 기대할 수 있는 것에는 한계가 있어요.

- They've been going out for only a month. They can only know so much about each other.

  걔들 사귄 지 한 달밖에 안 됐어. 서로 알면 얼마나 잘 알겠어?

📝 **can only ~ so much/many 다음에 명사가 오기도 합니다.**

- I have a full-time job. I can only spend so much time with my son.

  저는 풀타임 직업이 있어요. 아들과 함께 보낼 수 있는 시간에는 한계가 있어요.

- You should be careful. Your body can only handle so much stress.

  조심해야 돼. 네 몸이 감당할 수 있는 스트레스에는 한계가 있어.

- You can only give her so many chances.

  네가 그녀에게 무한정 기회를 줄 수는 없어.

- Our brains can only process so many things at the same time.

  우리 뇌가 동시에 처리할 수 있는 일에는 한계가 있지.

☑️ **much 대신 다른 형용사나 부사를 넣어봅시다.**

• It's already been 2 weeks. I can only be so patient.

벌써 2주나 됐어. 나도 참는 데 한계가 있다고.

• She's only six. She can only concentrate for so long.

걘 6살밖에 안 됐어. 걔가 뭐에 집중을 하면 얼마나 오래 할 수 있겠어?

• He's a grown-up now. You can only be so involved in his life.

이제 걔도 어른이야. 네가 그의 삶에 끝없이 관여할 수는 없어.

• They're in their 80s. They come from a completely different time. They can only be so understanding.

그 사람들은 나이가 80대잖아. 완전히 다른 시대 사람들이야. 그들이 이해할 수 있는 데는 아무 래도 한계가 있지.

TIP 그냥 can't do so much라고 하면?

can't do so much라고 하면 단순히 '많이 할 수 없다'라는 뜻이고, can only do so much라고 하면 '할 수는 있지만 한계가 있다'는 뜻이에요. 그런데 이걸 의미로만 구분하려고 하면 안 됩니다. 한국어에서도 '할 수 없다' '별로 할 수 있는 게 없다' '할 수 있는 일에도 한계가 있다' '하면 얼마나 하겠어?'처럼 상황에 맞는 다양한 표현들이 있듯이 영어도 마찬가지예요.

UNIT 47
★★☆

For all I know, I could be making it worse.
모르지, 내가 더 악화시키는 것일지도.

▶ all ~ know 때문에 '많이 안다'처럼 느껴지나요?

그런데 실제 이 표현의 핵심은 '지식의 한계'입니다. 직역하면 '내 지식으로는 ~일 수도 있다'인데, 이 표현이 쓰이는 맥락을 고려해 자연스럽게 해석하면 '그것의 사실 여부를 가릴 만큼 잘 알지 못한다'라는 의미에 가까워요. '잘 모른다'는 걸 강조하는 표현이어서, '심지어 다소 극단적인 일이 생긴다 해도 가진 지식으로는 알 방법이 없다'의 느낌으로도 많이 써요.

HOW IT'S USED 🔎 기본 예문으로 표현 익히기

• For all I know, I could be making it worse.
모르지, 내가 더 악화시키는 것일지도.

• For all we know, they could already be gone.
걔들이 벌써 가고 없는지 우리가 어떻게 알아?

• For all they know, we could be brothers and sisters.
우리가 남매 사이라고 해도 그 사람들은 모를걸.

A So, how much did you say you would pay for the laptop?

그래서, 랩탑 얼마 주고 사기로 한 거야?

B Oh, that? I actually called off the deal.

아, 그거? 거래 취소했어.

A How come?

왜?

B I just didn't feel comfortable doing it over mail. He might not even have the laptop for all I know.

우편으로 하는 게 찜찜해서. 그 사람이 심지어 랩탑을 가지고 있지 않은 것이어도 내가 알 방법이 없잖아.

A Didn't you go through his trading history? I thought you said he was legit.

그 사람 거래 내역 확인하지 않았어? 믿을 수 있다고 하지 않았나?

B I did, and he does seem legit. I just don't feel like risking it. For all I know, he could be planning to pull a scam before he quits using the website.

그랬지. 그리고 믿을 수 있는 사람인 것 같긴 해. 그냥 도박하고 싶지 않아서. 그 사람이 앞으로 그 웹사이트를 이용하지 않을 생각으로 마지막으로 한 번 사기 치려는 건 아닌지 내가 알 방법이 없잖아.

⊘ **for all ~ know(s)는 기본적으로 가정법 성향을 지녔기 때문에 함께 나오는 문장에 could나 might를 쓰는 경우가 많아요.**

- For all you know, she could be married to another man.
  그녀가 심지어 유부녀라고 해도 네가 어떻게 알겠어?

- For all we know, he could've been lying to us about everything.
  걔가 모든 것에 대해서 거짓말을 했던 것은 아닌지 우리가 무슨 수로 알겠어?

- You really shouldn't take these reviews at face value. For all you know, the owner of the place could've written this.
  이런 리뷰를 있는 그대로 믿으면 안 돼. 이걸 거기 주인이 직접 썼다고 해도 넌 알 방법이 없잖아.

- I haven't spoken to him in years. He could be in another country for all I know*.
  나 걔랑 연락 안 한 지 몇 년은 됐어. 다른 나라에 가 있을지 내가 어떻게 알아?

  * 이처럼 문장 맨 끝에 오기도 해요. 의미나 어감에 차이는 없어요.

- We should probably have someone come with us. Someone who knows about this stuff. I mean, this whole contract could be fake for all we know.
  아무래도 누구든 데려가는 게 좋겠어. 이런 거에 대해서 좀 아는 사람으로. 이 계약 자체가 그냥 다 가짜여도 우리가 알아챌 방법이 없잖아.

☑ '몰라서 ~하게 보일 것이다' '잘 모르니까 정황상 그럴 수밖에 없을 것이다'라고 말하는 맥락에서는 예외적으로 could나 might를 쓰지 않기도 합니다.

- Everyone there was drunk and yelling anyway. For all they knew, it was just another crowd partying.

  어차피 거기 있던 모두가 취했고 소리 지르고 있었잖아. (그 사람들한테는) 그냥 파티를 즐기는 또 다른 무리의 사람들로밖에 안 보였겠지.

- I feel so bad for them. They had no idea what his real intentions were. For all they knew, he was the only one on their side.

  그 사람들 너무 불쌍하더라. 그의 진짜 속셈에 대해서는 전혀 모르고 있었어. 오히려 유일하게 자기들 편이라고 생각했겠지.

TIP 비슷하게 오해하기 쉬운 for all I care

for all I care도 직역했을 때 오해하기 쉬운 표현입니다. 보이는 것과 달리 사실은 '어떻게 해도 좋다/난 아무 상관 없다'라는 의미예요.

- You can cry about it all day, for all I care. It's not going to change my mind.
  하루 종일 징징 짜봐라, 내가 신경 쓰나. 그래도 난 마음 안 변해.

- You can keep it, throw it away or sell it, for all I care. I have this now.
  네가 갖든, 버리든, 팔든, 상관없어. 난 이제 이게 있으니까.

- Tell them whatever you want. You can tell them it was all my fault, for all I care. I'll be long gone by then.
  그 사람들한테 네 마음대로 얘기해. 다 내 탓이었다고 말해도 상관없어. 그때쯤이면 난 멀리 가고 없을 테니까.

★ ★ ☆

UNIT 48

When it comes to stocks, he really knows his stuff.

주식에 관해서는, 그가 전문가야.

▶ **when it comes to는 원어민들이 정말 자주 쓰는 표현이에요.**

문제는 다른 것과 명확하게 구분되는 의미와 해석이 없어서 어렵게 느껴진다는 건데요. 지금 하고 있는 이야기에 '범위'를 설정해준다는 게 핵심입니다. 그리고 무엇에 대해 말하는 건지를 '강조'해주는 느낌이 있어요. '~에 관해서는/~에 있어서는/~을 할 때는' 등으로 맥락에 따라 다양하게 해석되므로 실제 원어민들이 쓰는 걸 많이 봐야 해요.

HOW IT'S USED 🔍 기본 예문으로 표현 익히기

- When it comes to **decisions like this, we should be patient.**

  이런 종류의 결정을 내릴 때는, 인내심을 가져야 해.

- When it comes to **stocks, he really seems to know his stuff**★.

  그 사람은 주식에 대해서는 정말 잘 아는 것 같아.

  ★ know one's stuff는 특정 분야나 영역에 있어서
  박식하고 좋은 기술을 지녔다는 의미로 흔히 쓰는 표현이에요.

Ⓐ Have you made up your mind yet?

결정은 하셨나요?

Ⓑ Sorry. I'm just really bad when it comes to decisions. Especially when it comes to decisions as big as this.

죄송해요. 제가 결정에 너무 약해서요. 특히나 이런 큰 결정을 할 때는요.

Ⓐ No. I understand. You can take all the time you need. This reminds me of what my dad used to tell me when I was growing up. "When it comes to making a hard decision and you're not sure what to do, make the right decision."

아니에요. 이해해요. 시간 충분히 가지고 결정하세요. 제가 어릴 때 아버지가 자주 하시던 말씀이 생각나네요. "어려운 결정을 내려야 하는데 어떻게 해야 할지 모르겠을 때는 옳은 선택을 해라."

Ⓑ Thanks. That certainly makes things a bit clearer. I'm still going to need some time though.

고마워요. 덕분에 머릿속이 좀 정리되는 느낌이에요. 그래도 시간이 좀 필요할 것 같아요.

✐ when it comes to 다음에는 명사나 동사ing가 와요.

- They do open every day, but they're very inconsistent* when it comes to business hours.

  거기는 매일 열긴 하는데 영업시간이 일정하진 않아.

  * inconsistent는 '꾸준하지 않은' '일정하지 않은'
  '(규칙성 면에서) 맞지 않은'이라는 뜻이에요.

- He's very skilled when it comes to fixing things.

  걔는 뭘 고치는 데 있어서는 정말 솜씨가 좋아.

- I can handle children just fine, but it's a completely different story when it comes to teenagers.

  어린이들은 충분히 잘 다루겠는데, 10대들은 완전 얘기가 달라.

- When it comes to speaking in front of a group of people, I'm pretty confident.

  여러 사람 앞에서 말하는 건 꽤 자신 있는 편이에요.

- ChatGPT really comes in handy, but it can get kind of inconsistent when it comes to the quality of information.

  ChatGPT가 정말 편리하긴 한데 정보의 질면에서는 좀 왔다 갔다 해.

✅ 약간 더 복잡한 구성을 가진 긴 예문으로도 연습해봅시다.

- This would be a great gift for someone who likes the outdoors.
  But when it comes to your dad*, I wouldn't be so sure. I mean,
  when's the last time he went hiking?

  이거 야외활동 좋아하는 사람한테는 정말 좋은 선물일 텐데. 너희 아버지 같은 경우에는, 글쎄,
  잘 모르겠네. 마지막으로 등산이라도 가신 게 언제지?

  * 이렇게 특정 사람에 대해 얘기할 때도 많이 쓰는 편이에요.

- Look. When it comes to deciding something as big as buying
  a house, you can never be too careful. You have to be very
  thorough.

  그게, 집을 사는 것처럼 큰 결정을 할 때는 정말 조심해야 돼. 아주 꼼꼼하게 해야 돼.

- The relationship between the brothers seemed very strong
  and healthy, but it started to show its cracks when it came to*
  settling their father's inheritance money.

  형제의 관계는 매우 끈끈하고 좋아 보였지만, 아버지의 유산을 정리할 때가 되자 틈이 생기기 시
  작했어요.

  * 과거형으로 쓸 때 when의 본래 의미(~할 때)가 더 두드러지는 경향이 있어요.

★★★
UNIT
49

I feel kind of bad for yelling at them.

개네한테 야단친 게 좀 미안하네.

▶ **"개한테 너무 미안해"를 영어로 어떻게 말할까요?**

I felt sorry to him? 놀랍게도 영어에서는 상대방이 아닌 제 삼자한테 직접 미안하다고 말할 방법이 없어요. 대신 feel bad for 다음에 동사ing를 써서 '~을 한 것에 대해서 미안하다'라고 말해야 해요.

HOW IT'S USED 🔍 기본 예문으로 표현 익히기

- I know it's my job, but I feel kind of bad for yelling at him.
  그게 내 일이라는 것은 알지만, 개한테 야단친 게 좀 미안하네.

- I feel so bad for lying to you. I didn't want you to know.
  거짓말한 건 정말 미안해. 몰랐으면 했어.

A Wow. Is that for your boyfriend? It looks expensive.

와. 남자 친구 주려고 산 거야? 비싸 보이는데.

B Yeah. Well, I felt bad for forgetting his birthday last year, so I'm hoping this will make up for it.

응. 작년 생일 잊어버린 게 미안하더라고. 이거면 좀 만회가 될까 싶어서.

A Still. That must've cost you a fortune. You must've felt really bad.

그래도. 돈 엄청 썼겠는데. 정말 미안했나 보네.

B I suppose it's a bit extravagant, but I was told this is a classic model and that it hardly goes out of style.

좀 사치스럽긴 하지, 근데 이게 클래식 모델이어서 유행을 잘 안 타는 거라고 하더라고.

A If they say so. I don't really know watches. Then again, I've seen guys spend crazy amounts of money on watches. I hope he likes it.

그렇다면 뭐. 난 시계 잘 몰라서. 그러고 보니, 시계에 돈을 엄청 쓰는 남자들 있더라. 마음에 들어했으면 좋겠다.

🗹 **feel bad가 '미안하다'라는 뜻으로 쓰일 때는 about + 명사(미안한 일) 또는 for +**
동사ing(미안한 행동)로 이어져요.

- I was so rude to them and I feel really bad about it.
  제가 그들한테 너무 무례하게 굴었어요. 그게 너무 미안해요.

- I feel really bad for being so rude to them.
  그 사람들한테 그렇게 무례하게 굴었던 게 너무 미안하네.

- Wow. Your girlfriend got you that? She must've felt really bad
  about last year.
  와. 그거 여자 친구가 사준 거야? 작년 일로 엄청 미안했나 보네.

- I felt so bad for not* going on a trip with my mother last year.
  작년에 엄마랑 같이 여행을 가지 않아서 너무 죄송했어요.

  * '~하지 않아서 미안하다'라고 말할 때는 동사ing 앞에 not이 와요.

🗹 **bad 대신 terrible을 써서 미안한 마음을 강조하기도 합니다.**

- I'm her sister and I wasn't there for her when she needed me.
  I feel terrible about it.
  내가 언니인데, 걔가 날 필요로 할 때 정작 옆에 없었어. 그게 너무 미안해.

- I'm her sister. I feel so terrible for not being there for her when
  she needed me.
  내가 언니인데, 걔가 날 필요로 할 때 정작 옆에 없었다는 게 너무너무 미안해.

☑ **feel bad for + <누구> 또는 feel sorry for + <누구>는 '누구한테 미안하다'라는 뜻**
이 아니고 '안타깝다' 또는 '불쌍하다'라는 의미예요.

- I feel really sorry for the victims.
  피해자들 정말 불쌍하다.

- I know it's just part of nature, but I feel so sorry for the deer.
  그냥 자연의 일부라는 것은 알지만 사슴이 너무 불쌍하다.

- I don't know why you guys are feeling sorry for me. At least I
  have a job and I'm paying my own bills.
  너희가 왜 날 불쌍하게 생각하는지 모르겠네. 그래도 난 일을 하고 있고 스스로 먹고살고 있잖아.

- I feel bad for people who have to work outdoors in this
  weather.
  이런 날씨에 밖에서 일해야 하는 사람들 안됐다.

TIP 요약 정리

정리하면,

- feel sorry for: 누구에 대해 안타깝고 불쌍하게 느끼다
- feel bad for: 누구에 대해 안타깝고 불쌍하게 느끼다/무엇에 대해서 미안하게 느끼다

따라서 '미안하게 느끼다'라는 의미로 말하고 싶다면 feel sorry for가 아니라 feel bad for라고
해야 합니다.

★ ★ ★

UNIT 50

I'm easily distracted.
난 쉽게 정신이 다른 데로 새.

▶ **배워도 잘 안 쓰는 대표적인 단어가 바로 distract예요.**

왜냐하면 한국어로 딱 떨어지는 해석이 없기 때문인데요. 근본적으로는 '집중을 못 하게 하거나 주의를 산만하게 해서 할 일을 잘 못하게 한다'는 의미를 가져요. '방해하다'로 흔히 알고 있는 bother와 비슷한 의미와 활용을 지니고 있지만, 부각되는 의미가 조금 달라요.

HOW IT'S USED 🔎 기본 예문으로 표현 익히기

- Could you take that call outside? It's really distracting.
  죄송한데 그 전화 밖에서 받아주실래요? 그것 때문에 너무 정신 없네요.

- Sorry, I got distracted. What did you just say?
  미안, 잠깐 정신 놓고 있었네. 방금 뭐라고 했어?

266

A Does this bother you?

이거 방해되니?

B What? The music?

뭐? 음악?

A Yeah. It's not too distracting, is it?

응. 너무 정신 산만하게 하는 건 아니지?

B No. Not at all. Don't mind me. I don't get distracted easily.

아니. 전혀. 나 신경 쓰지 마. 나 웬만해서는 방해 안 받아.

A OK. But just let me know if it does. I'd used my headphones, but they're charging.

알았어. 그래도 혹시 방해되면 얘기해. 원래는 헤드폰을 쓰는데 지금 충전 중이라.

- I'll go distract* him and you can slip right out.

  내가 가서 주의를 끌 테니까 넌 그 사이에 슬쩍 나가.

  > * distract 하는 게 의도적인 거라서 '주의를 끌다'라고 해석했어요.

- I love listening to music but it's honestly a little distracting when I'm trying to focus on something.

  음악 듣는 것을 정말 좋아하지만 뭔가에 집중하려고 할 때는 사실 좀 방해가 돼.

- They say that the taxi driver had some kind of argument with the customer and apparently he got distracted.

  택시기사가 손님이랑 다툼 같은 게 있었는데 그것 때문에 그가 방해받았나 봐.

- Working from home* is a lot harder than it sounds, especially if you have pets or kids. It can be very distracting.

  재택근무가 말처럼 쉽지 않아. 특히 반려동물이나 아이가 있으면 집중하기 굉장히 힘들 수 있어.

  > * '재택근무'를 영어로는 working from home이라고 해요. working at home이 아니에요!

- You'll often see professional athletes wearing headphones or earphones right up until the game starts to avoid getting distracted.

  운동선수들이 방해받지 않기 위해 경기가 시작하기 직전까지 헤드폰이나 이어폰을 착용하고 있는 것을 자주 볼 수 있어요.

TIP distracting과 distracted의 차이

무엇이 distracting하다고 하면 그것이 집중을 방해하는 주체이며 원인인 것이고 be(get) distracted는 방해를 받아서 집중을 못 하는 상태임을 말합니다.

⊘ 집중을 방해하는 요소(들)는 distraction(s)이라고 합니다.

- I think that smartphones are a huge distraction these days.

  요즘은 스마트폰이 집중을 방해하는 큰 요소 중 하나라는 생각이 들어.

- Why don't you try cleaning up your desk? A messy desk can be more of a distraction than you think.

  책상을 정리해보는 건 어때? 지저분한 책상이 생각보다 집중력을 많이 흐트러뜨릴 수 있거든.

- I like to go for a walk around the neighborhood when I need to do some thinking because, at home, there are just too many distractions.

  난 뭔가 생각할 게 있을 때 동네를 한 바퀴 산책하는 것을 좋아해. 집에는 집중을 흐트러뜨리는 게 너무 많거든.

TIP distract과 bother의 차이

둘이 비슷한 의미와 활용을 지니고 있지만 어떤 말을 하느냐에 따라 강조되는 지점이 조금 달라지기도 하는데요. distracting은 집중을 방해해서 할 일을 못 하게 한다는 의미가 부각되는 반면, bother는 불편하게 한다는 의미가 부각되는 특징이 있어요.

- Let me know if the music <u>bothers</u> you. I can put on my headphones.

  음악이 <u>방해되면</u> 얘기해. 헤드폰 쓰면 되니까.

UNIT 51
★ ☆ ☆

Did he have something to do with this?

걔가 이 일이랑 관련이 있었어?

▶ '~와 관련 있다'를 영어로 어떻게 말할까요?

만약 '관련성'이라는 개념을 활용해 무엇의 이유에 대해 이야기를 하는 맥락이라면 have something to do with라는 표현을 추천해요. 서로 영향을 주고받는 관계라면 상관관계와 인과관계를 구분하지 않고 어디든 폭넓게 쓸 수 있는 표현이기 때문이에요.

HOW IT'S USED 🔎 기본 예문으로 표현 익히기

- **Did he** have something to do with **this?**
  걔가 이 일이랑 관련이 있었어?

- **Don't look at me. I** had nothing to do with **it.**
  나 쳐다보지 마. 난 아무 관련 없었다고.

- **I don't see how this** has anything to do with **that.**
  이게 그거랑 무슨 상관인지 난 잘 모르겠어.

A Why is my phone so slow all of a sudden?

왜 내 폰이 갑자기 이렇게 느려졌지?

B Did you install an update recently? It might have something to do with that. Updates cause problems sometimes.

업데이트 설치했어? 그거 때문일 수도 있는데. 업데이트가 문제를 일으키기도 하거든.

A No. I don't install updates unless something stops working, so that probably has nothing to do with it.

아니. 난 뭐가 안 될 때까지는 업데이트 설치 안 하거든. 그래서 그거랑은 상관없을 것 같아.

B Wait. So, when was the last time you updated?

잠깐. 그럼, 마지막으로 언제 업데이트한 거야?

A Probably more than 2 years ago. Why?

아마 2년도 더 됐을걸. 왜?

B Because it might have to do with* your phone running on outdated software. 2 years is way too long.

왜냐면 너무 오래된 소프트웨어를 돌리고 있어서 그럴지도 모르거든. 2년이면 너무 길다.

＊ 맥락에 따라 이렇게 **something**을 생략해서 말하는 경우도 많아요.

PRACTICE 🖉 다양한 내용으로 연습하기

🗹 **이 표현의 핵심은 something/nothing/anything/everything 같은 말들을 얼마나 잘 활용하는지에 달려 있어요.**

- Mr. Marsh seemed a little upset this morning. I think it had something to do with last night.

  오늘 아침에 마쉬 씨가 기분이 좀 안 좋아 보였어요. 어젯밤 일 때문인 것 같아요.

- People say that she had nothing to do with what happened, but I think she had everything to do with it.

  사람들은 그녀가 이 일과 아무 관련이 없다고 하는데, 나는 모든 면에서 관련이 있다고 생각해.

- Don't act like you know me outside. I don't wanna have anything to do with you or your dumb friends.

  밖에서 나 아는 척하지 마. 너나 네 바보 같은 친구들이랑 뭐든 엮이기 싫어.

- What* does that have to do with this?

  그게 이거랑 무슨 상관인데?

  * 의문문에서 something 대신 의문사 what을 쓴 경우예요.

(TIP) it's because of와의 느낌 차이

it's because of 대신 it has something to do with라고 말하면 더 신중하고 완곡하게 들려요.

- Why does this happen?
  왜 이런 거야?
  → It's because of the worsening economy.
  경제가 악화되고 있기 때문이야. ('바로 경제 때문이야!'라고 말하는 느낌)
  → It has something to do with the worsening economy.
  악화되고 있는 경제와 관련 있어. ('아마 경제 때문일 거야'라고 말하는 느낌)

⊘ something 자리에 more/little/a lot 같은 말을 써서 관련성의 '정도'를 표현해요.

- I feel like the success of the movie had more to do with timing than anything else.

  난 그 영화의 성공이 무엇보다 타이밍 때문이었다고 봐.

- A lot of people think that the actor was simply canceled* for being a jerk, but it actually had very little to do with that.

  그 배우가 진상 짓을 해서 매장된 거라고 생각하는 사람들이 많은데, 사실 그거랑은 거의 상관이 없었어.

  > * cancel은 최근 가수나 배우, 연예인의 콘텐츠에 대해 보이콧을 한다는 의미로도 써요.
  > 시쳇말로 '매장하다'와 비슷해요. cancel culture라는 말이 생길 정도로 많이 써요.

- A person's overall character has a lot to do with the environment they grow up in.

  사람의 전반적인 인성은 자란 환경에 의해 영향을 많이 받아요.

⊘ have something to do with the fact that ~으로 관련된 사실을 구체적으로 말해요.

- I'm sure it has something to do with the fact that both of his parents were athletes.

  그의 부모님이 둘 다 운동선수였다는 것도 한몫했을 거야.

TIP be related to와의 차이

결론만 말하자면 have something to do with의 활용 범위가 더 커요. be related to는 실질적인 연관성이 있을 때만 쓰는 표현이지만 have something to do with는 영향을 주고받는 포괄적인 관계에 대해 얘기할 때도 사용할 수 있거든요.

★★☆

UNIT
52

She really has a way with children.
그녀는 아이들을 잘 다뤄.

▶ **have a way with는 일반적으로 두 가지 맥락에서 많이 써요.**
우선 '사람'이 나오면 그 대상을 다루는 기술이 뛰어나서 호감을 얻고 좋은 관계를 유지한다는 의미가 돼요. 그 외에는 주로 word랑 같이 쓰는데요. have a way with words는 말을 잘해서 설득시키는 재주 등이 있다는 뜻이에요.

HOW IT'S USED 🔎 기본 예문으로 표현 익히기

- She really has a way with children. They love her.
  그녀는 아이들을 잘 다뤄. 다들 그녀를 좋아해.

- He really has a way with words.
  걔는 언변이 참 좋아.

- Brian has a way with his superiors. I don't know what it is.
  브라이언은 상사들을 다루는 방법을 알아. 그게 뭔지는 모르지만.

274

A Remember Page? The girl that used to carry that ridiculously big mirror in her purse.

페이지 기억 나? 가방에 그 말도 안 되게 큰 거울 가지고 다니던 여자애.

B Oh, Page! Of course I remember her.

아, 페이지! 당연히 기억하지.

A I heard she's a teacher now.

걔 지금 선생님이래.

B Really?

정말?

A Yeah. Apparently, she's teaching the second grade.

응. 2학년을 가르친다나 봐.

B Well, she did always have a way with children.

걔는 항상 아이들을 다루는 게 예사롭지 않긴 했어.

PRACTICE 🖋 다양한 내용으로 연습하기

✍ **have a way with는 부사 really랑 잘 어울려요.**

- He must really have a way with women. Look at this. These are all the women he has either married or dated.

  그는 확실히 여자 마음을 사로잡는 재주가 있나 봐. 이것 좀 봐. 그가 결혼을 했거나 사귄 여자들이야.

- He really must've had a way with words. The way they talk about him, it sounds like he had a way of making* people believe everything he said.

  그 사람이 말재주가 정말 좋았나 봐. 사람들이 얘기하는 걸 들어보면, 자신이 하는 얘기를 사람들이 다 믿게 하는 능력이 있었던 것 같아.

  *have a way of + 동사ing는 무엇을 하는 기술, 능력, 요령 등이 있다는 뜻이에요.

TIP word 말고 다른 건 안 쓰나요?

검색해보면 have a way with numbers/money도 나오긴 해요. 하지만 그것은 어디까지나 '그럴 수 있다'는 정도이고, 어떤 것을 다루고 관리하는 기술이나 능력에 대해서는 일반적으로 be good with 같은 표현을 씁니다.

- 그는 숫자를 잘 다뤄. → He is good with numbers.

참고로, 무엇을 하는 데 재주가 없거나 무엇을 다루는 방법을 잘 모른다고 말할 때도 have a way with의 부정형을 사용하지 않습니다.

- 나는 아이를 다루는 재주가 없어. → I don't have a way with children. (×)
  → I'm not very good with children. (○)

✅ way를 다양한 수식어로 꾸밀 수 있어요.

- Mr. Lounds has a very special way with his students. He is one of our most prized teachers.

  라운즈 씨는 학생들을 다루는 아주 특별한 재주가 있습니다. 저희가 가장 자랑스러워하는 선생님 중 한 분이죠.

- Ms. Miles had a cruel way with her employees. She would constantly manipulate them and make them doubt their self-worth.

  마일즈 씨는 직원들을 잔인하게 다루는 부분이 있었어요. 그들을 교묘하게 조종해서 스스로의 가치에 대해서 의심하게 만들었어요.

✅ that절을 써서 재주, 능력에 대한 구체적인 내용으로 확장할 수 있어요.

- He has a way with people that makes them instantly fall in love with him.

  그는 처음 만나는 사람들로부터 바로 호감을 얻을 수 있는 능력이 있어.

- She has a way with animals that I've never seen from any other animal trainer.

  그녀의 동물 다루는 기술은 그 어떤 동물 훈련사와도 비교할 수 없는 수준이야.

- He has a way with words that makes plain and simple facts sound like words of wisdom from Ancient Greek philosophers.

  그는 평범하고 간단한 사실을 말해도 고대 그리스 철학가들이 남긴 덕담처럼 들리게 하는 말재주가 있어.

★ ★ ★

UNIT 53

There's something about it that's creepy.

뭔가 섬뜩한 게 있어.

▶ **"걔 이상해"를 영어로 어떻게 말하죠?**

He's strange? 좋아요. 그럼 "걔 어딘가 이상해"는요? 물론 똑같이 말해도 의미는 통하겠지만 '어딘가'라는 그 애매한 느낌을 살리려면 There's something about him that's strange. 라고 하는 걸 추천합니다. 이 표현은 그 자체로는 어려운 건 아닌데, 우리말과 구성 방식이 달라서 조금 주의해야 해요.

HOW IT'S USED 🔍 기본 예문으로 표현 익히기

- There's something about **it** that's **creepy.**
  뭔가 섬뜩한 게 있어.

- There's something about **her** that's **very attractive.**
  걔는 어딘가 모르게 매우 매력적이야.

Ⓐ Didn't you already see this?

너 이거 이미 본 거 아니야?

Ⓑ Yeah, but I couldn't stop thinking about it. I had to see it again.

응, 근데 자꾸 생각이 나서. 또 봐야겠더라고.

Ⓐ I guess there's something about it that you find really addictive.

뭔가 엄청 중독적인가 보네.

Ⓑ Yeah. And even though I know what's going to happen next, there's just something about the way the story is told that makes it so fun to watch.

응. 그리고 어떤 일이 벌어질지 아는데도 그 이야기가 흘러가는 방식이 보는 것을 너무 재미있게 하는 뭔가가 있어.

Ⓐ I get it. I think that's how I felt about *Harry Potter*.

뭔지 알아. 난 〈해리포터〉가 그랬어.

✅ **there is something(뭔가 있어) + about 명사(그것은/그 사람은) + that절(이렇고 저런)의 순서에 주의하세요.**

- There's something about **that place** that **reminds me of when I was little.**

  거기 가면 왠지 어렸을 때가 생각나.

- There was something about **the story** that **made it very hard to believe.**

  그 이야기엔 뭔가 아주 믿기 힘든 구석이 있었어.

- I can't say exactly what it is*, but there's something about **this keyboard** that **I just can't get used to.**

  정확히 뭐라고 말하기는 그런데, 이 키보드는 뭔가 적응이 안 돼.

  * '정확히 뭔지는 모르겠는데'라는 말과 자주 같이 쓰여요.

✅ **there is something(뭔가 있어) + 형용사(이렇고 저런) + about 명사(그것은/그 사람은)의 형식도 거의 같은 의미와 어감을 전달해요.**

- There's something **really familiar about** that name.

  그 이름 뭔가 굉장히 낯이 익은데.

- There's something **really addictive about** the food there.

  거기 음식은 뭔가 정말 중독적인 면이 있어.

✓ **about the way ~를 써서 특정 대상이 아니라 '~하는 방식'에서 느낀 애매한 감정과 인상을 말할 수 있습니다.**

- There was something about the way he said it that didn't feel very sincere.

  걔는 말하는 게 뭔가 진심이 느껴지지 않더라.

- There was something about the way he looked at me that was just so creepy.

  그 사람이 날 쳐다보는 게 뭔가 엄청 소름 끼쳤어.

- It's hard to say exactly what it is, but there's something about the way she asked me the question that made me feel very uncomfortable.

  정확히 뭐라고 말하기는 어려운데, 걔가 나한테 질문하는 방식이 어딘가 모르게 매우 불편하더라고.

- It's hard to say what it is exactly, but there is something about the way their products are designed that makes them such a pleasure to use.

  정확히 뭐라고 말하기는 어려운데, 거기 제품들의 디자인은 사용하는 것을 매우 즐겁게 만들어주는 뭔가가 있어.

★★★
UNIT
54

I thought things would have changed by now.
지금쯤이면 상황이 좀 달라졌을 줄 알았어.

▶ **"지금쯤이면 ~했을 줄 알았는데"를 영어로 어떻게 말할까요?**

이걸 영어로는 시간이 흘러 지금쯤이면(by now) 어떤 상태가 되었을 줄(would have p.p.) 알았다(I thought)라는 구성으로 말하는 게 일반적인데요. 이걸 머리로 이해하는 것보다는 많이 보고 듣고 따라 말하면서 표현에 적응하는 것이 중요합니다.

HOW IT'S USED 🔍 기본 예문으로 표현 익히기

- I thought **things** would have changed by now.
  지금쯤이면 상황이 좀 달라졌을 줄 알았어.

- I thought **they** would've taken **care of it** by now.
  지금쯤이면 다 해결했을 줄 알았는데.

- It's been 2 years, I thought **you** would've gotten used to it by now.
  벌써 2년 됐어. 지금쯤이면 네가 적응했을 줄 알았지.

A Hmm. It says here that people are still dying from COVID.

흠. 사람들이 아직도 코로나로 죽고 있다네.

B What? It's not starting up again, is it?

뭐? 다시 시작되는 거 아니지?

A Well, they say it never really went away.

아예 사라진 적이 없었다는데.

B What? I thought things* would've gone back to normal by now.

뭐? 지금쯤이면 정상으로 돌아갔을 줄 알았는데.

A I know, right? It says here that the only thing that has changed is that it's not covered by the media as much.

그러게. 유일하게 바뀐 것은 예전만큼 방송에서 다루지 않는 거래.

* 여기서처럼 things는 '상황을 이루고 있는 여러 가지 조건과 요소들'을 의미하기도 해요.

- Are you still watching that movie? I thought it would've ended by now.

  아직도 그 영화 보고 있는 거야? 지금쯤이면 끝났을 줄 알았는데.

- I thought he would've gone back to work by now, but apparently he's still sick.

  걔 지금쯤이면 복직했을 줄 알았는데, 아직도 아프다나 봐.

- I thought it would've been shipped by now, but the purchase is still being processed.

  난 지금쯤이면 그게 발송됐을 줄 알았는데, 구매가 아직도 처리 중이래.

- Is the traffic that bad? I thought you would've at least gotten off the highway by now.

  차가 그렇게 많이 막혀? 지금쯤이면 최소한 고속도로에서는 빠져나왔을 줄 알았는데.

- That's weird. I thought we would've heard something from Kim by now.

  이상하다. 지금쯤이면 킴한테서 뭔가 소식이 있을 줄 알았는데.

> **T I P would 말고 should를 썼을 때의 느낌**
>
> 예를 들어, 마지막 예문의 경우 We should've heard something from Kim by now.라고 해도 '지금쯤이면 킴한테서 뭔가 소식이 있어야 하는데'로 해석된 모습은 비슷하죠. 하지만 would와 달리 should를 쓰면 '그러면 안 되는 데 예상에서 벗어났다'라고 하는 긴장감이 느껴집니다.

- A: Did you get back OK?

  잘 들어갔지?

  B: No, I'm still on the road.

  아니, 아직 가는 중이야.

  A: Still? I thought you would've arrived **home** by now.

  아직도? 지금쯤이면 도착했을 줄 알았는데.

- A: I can't believe they would lie to their face like that.

  어떻게 저렇게 대놓고 거짓말을 할 수가 있는지 모르겠네.

  B: They'll do anything to avoid responsibility. I thought you would've realized **that** by now.

  저 사람들은 책임을 회피할 수만 있으면 뭐든 할걸. 너도 지금쯤이면 잘 알고 있을 줄 알았는데.

  A: I know, but it makes me mad nonetheless.

  아는데, 그래도 화가 나는 건 마찬가지야.

> **TIP** 완료시제를 쓰지 않는 예외적인 경우
>
> 이 표현이 '지금쯤이면 이미 어떤 상태가 돼 있을 줄 알았다'라는 의미를 포함하고 있어서 상태를 가리키는 동사(be, know, have 등)에서는 완료시제를 쓰지 않아도 되는 경우가 있습니다.
>
> - I thought you would've arrived home by now. 지금쯤이면 집에 도착했을 줄 알았어.
>   I thought you would be home by now. 지금쯤이면 집일 줄 알았어.
>
> - I thought you would've realized that by now. 지금쯤이면 이미 깨달은 줄 알았는데.
>   I thought you would know that by now. 지금쯤이면 아는 줄 알았는데.
>
> 근본적으로 의미는 같지만 현재 상태를 기준으로 하는지, 이미 벌어진 일을 기준으로 하는지에 따라 말하는 방식에 차이가 있는 거예요. 한국말에도 이런 말이 있죠. "'아' 다르고 '어' 다르다."

★★★ UNIT 55

That would save us a lot of trouble.
그러면 우리야 너무 편하지.

▶ **save를 '아끼다, 모으다, 저장하다'라는 의미로 알고 있죠?**

그래서 save money/time/energy 같은 표현이 익숙하고 실제로도 많이 쓸 텐데요. save의 '구하다'는 의미를 활용해 "그러면 나야 편하지"라고 말할 수도 있어요. 'save + ⟨누구⟩ + the trouble'이라고 하면 '~를 번거롭고 귀찮은 일로부터 구하다', 즉 '그런 수고스러움을 덜어주다'라는 뜻이 됩니다.

HOW IT'S USED 🔎 기본 예문으로 표현 익히기

- You could really do that for us? Well, that would save us a lot of trouble. Thank you so much.
  정말 그렇게 해주실 수 있어요? 그러면 저희야 너무 편하죠. 정말 감사합니다.

- I can swing by the dry cleaners on my way back and save you the trouble.
  내가 돌아가는 길에 세탁소에 들르면 네가 좀 덜 귀찮잖아.

A If you want, I can swing by the store on my way back and pick up the groceries.

네가 원하면, 내가 돌아가는 길에 가게에 들러서 장을 볼 수 있는데.

B Oh, would you? That would save me so much trouble. Thanks.

오, 그럴래? 그러면 나야 너무 편하지. 고마워.

A Sure thing.* Just send me a shopping list and don't worry about it.

물론이지. 쇼핑 리스트만 보내주면 돼.

B Right. I'll send it over right away.

알았어. 바로 보낼게.

A I think I can get back before 7.

아마 7시 전에는 도착할 거야.

B Great. I'll tell Caleb dinner will be at 8.

좋아. 케일럽한테 8시에 저녁 먹는다고 말해놓을게.

* sure이라고 말하는 대신, 이렇게 sure thing도 자주 써요.

☑ **save time과 save trouble에서 save는 각각 '줄이다'와 '피하다'의 다른 의미로 쓰였지만 실제로는 이 두 표현을 묶어서 많이 사용해요.**

- Trust me. It'll save you so much time and trouble.

  믿고 해봐. 훨씬 빠르고 덜 번거로울 테니까.

☑ **save + <누구> + the trouble of 다음에 동사ing를 써서 '~하는 수고나 번거로움'을 덜어준다고 말할 수 있습니다.**

- I know online reservation can feel like a hassle but that'll save you the trouble of waiting in line.

  온라인 예약이 번거롭게 느껴질 수도 있는데, 그러면 줄 서서 기다리지 않아도 돼.

- You should get like a carrying pouch for your water bottle and save yourself* the trouble of carrying it around in your hand all the time.

  물병용 파우치 같은 거 하나를 사. 그러면 매번 손에 쥐고 다니는 수고를 안 해도 되잖아.

  * 주어의 수고를 덜어주는 거라서 <누구> 자리에 oneself를 썼어요.

- You should really consider paying for a designated spot and save yourself the trouble of looking for a place to park every morning. I know it seems like a waste, but the stress really adds up over time.

  아침마다 번거롭게 주차할 데를 찾지 않아도 되게 지정 자리 하나 끊는 거 진짜 한번 고려해봐. 낭비처럼 느껴질 수 있는데 시간 지나면 은근히 스트레스거든.

FURTHER USE ✎ 응용 및 심화 표현 배우기

✅ **save + <누구> + the details는 듣는 사람이 지루하지 않도록 자세한 이야기는 굳이 하지 않겠다고 말할 때 많이 써요.**

- Well, it's kind of a long story. There were some unforeseen circumstances, but I'll save you the details. What matters is that everything has been taken care of.

  말하자면 좀 긴데, 예기치 못한 상황들이 좀 있었거든. 자세한 걸 굳이 길게 얘기할 건 없고. 중요한 건 모든 게 다 잘 해결됐다는 거야.

✅ **save + <누구> + a/the trip to ~는 어디까지 다녀오는 수고를 덜어준다는 말이에요. trip은 꼭 여행이 아니더라도 A에서 B로 이동하는 것도 의미하거든요.**

- Why don't you buy it online and save yourself the trip?

  그냥 온라인으로 사지 그래? 그러면 거기까지 안 가도 되잖아.

- Oh, I almost forgot. Here. Your drill. Thanks for letting me use it. It saved me a trip to the hardware store.

  아, 깜빡할 뻔했다. 여기. 네 드릴. 빌려줘서 고마워. 덕분에 철물점까지 안 다녀와도 됐어.

✅ **save + <누구> + work라고 하면 할 일을 덜어준다는 말이 돼요. 맥락에 따라 '일을 더 효율적으로 하다' '작업량을 줄이다' 등으로 다양하게 해석됩니다.**

- I don't mind meetings because good communication can save you a lot of work.

  회의하는 건 괜찮아. 소통만 잘해도 일을 훨씬 더 효율적으로 할 수 있거든.

UNIT 56
★★☆

It wouldn't hurt to try.
해봐서 나쁠 건 없지.

 ▶ 보통 hurt를 '다치게 하다' '아프게 하다'로 알고 있죠?

그래서 it wouldn't hurt to를 보면 '~하는 게 아프게 하지 않는다?' 이게 도대체 무슨 말인지 혼란스러워져요. 사실 이 표현은 '~해서 나쁠 건 없다'라는 우리말과 거의 같아요. 맥락에 따라 시제와 조동사가 doesn't/didn't/won't/wouldn't hurt 등으로 달라져요.

HOW IT'S USED 🔍 기본 예문으로 표현 익히기

A: How about this place? It must be new. There are no reviews yet.

여긴 어때? 새로 오픈했나 봐. 아직 평이 없어.

B: Hmm. OK. I guess it wouldn't hurt to try.

흠. 좋아. 가본다고 나쁠 건 없겠지.

A Hey, look at this place. Let's check it out.

야, 여기 한번 봐봐. 구경하자.

B You know they don't have anything here that's under a thousand dollars, right?

여기서 파는 것 중에 1,000달러 밑으로는 아무것도 없는 거 알지?

A We don't have to buy anything. We're just going to look.

꼭 뭘 사야 하는 건 아니잖아. 그냥 보기만 할 거야.

B All right. I suppose it wouldn't hurt to take a quick look. But this better* not be like last time when we ended up buying that massage chair.

그래. 잠깐 본다고 어떻게 되는 건 아니겠지. 근데 지난번에 그 안마 의자 샀을 때처럼 되면 안 된다.

A I promise. Just 5 minutes.

약속할게. 딱 5분만.

---

* had better에서 had를 생략한 거예요. 상대에게 경고하는 느낌으로 말을 할 때 이런 식의 활용을 자주 볼 수 있어요. **You better not be late**(너 늦기만 해봐).

- OK. I guess it wouldn't hurt to know.

  그래. 뭐, 안다고 나쁠 건 없겠지.

- It wouldn't hurt to ask. If they say "No.", we just won't do it.

  물어본다고 어떻게 되는 것은 아니잖아. 안 된다고 하면 그냥 안 하면 되지.

- It wouldn't hurt to try something new for a change.

  오랜만에 새로운 것 좀 먹어보는 것도 나쁠 건 없지.

- We've already waited this long. It wouldn't hurt to wait a little longer.

  이미 이렇게 오래 기다렸으니까 조금 더 기다린다고 어떻게 되지는 않겠지.(= 좀 더 기다리자.)

- Since we're here, it wouldn't hurt to take a look around.

  어차피 여기 온 거 좀 둘러봐서 나쁠 건 없겠지.(= 둘러보자.)

> **TIP) would를 쓰는 이유**
>
> 이런 식의 문장이 만들어지는 건 '가정법'이 적용되었기 때문입니다.
>
> - If I were to know, it wouldn't hurt.
>   → It wouldn't hurt to know.
> - If I were to ask, it wouldn't hurt.
>   → It wouldn't hurt to ask.
> - If we were to try something new for a change, it wouldn't hurt.
>   → It wouldn't hurt to try something new for a change.
>
> 하지만 가장 중요한 이유는 뭐니뭐니 해도 이거죠. "원어민들이 이렇게 써요."

✓ 동사ing + wouldn't hurt 형태도 흔히 쓰이는 모습입니다.

- Being closer to your parents certainly wouldn't hurt.

  부모님이랑 더 가까이에 있다고 나쁠 것은 없지.

- I guess adding just a little bit of sugar wouldn't hurt.

  설탕을 아주 조금 추가한다고 해서 어떻게 되는 않겠지.

- It's not much, but having a little extra money come in every
  now and then wouldn't hurt.

  많은 것은 아니지만 가끔 돈이 조금씩 들어오는 것도 나쁠 건 없지 뭐.

✓ wouldn't hurt가 아니라 doesn't/never hurt라고 하면 일반적인 사실로서 말하는 거예요.

- It doesn't hurt to be kind.

  친절하게 해서 나쁠 것은 없지.

- It never* hurts to be careful.

  언제나 조심해서 나쁠 것은 없지.

  * It doesn't hurt라고 해도 의미는 같지만 never를 쓰면 더 강조돼요.

- Being prepared never hurts.

  언제나 준비를 해서 나쁠 것은 없지.

UNIT 57
★ ☆ ☆

I could really use some help.

날 좀 도와주면 정말 좋겠는데.

> ▶ **I could really use some help? 도대체 무슨 뜻이냐고요?**
>
> '나는 정말 도움을 사용할 수 있다'라니, 이게 무슨 말이죠? 사실 이 문장은 '도움을 주시면 정말 좋을 것 같아요'라는 뜻입니다. could use가 '만약에 그것이 있다면 아주 잘 사용할 수 있을 텐데'라고 간접적으로 말하는 거거든요. 그럴 거면 그냥 I really need some help.라고 하지 왜 이렇게 돌려 말하냐고요? 맞아요. 영어는 돌려 말하는 걸 참 좋아해요.

HOW IT'S USED 🔍 기본 예문으로 표현 익히기

- I could really use some help.

  날 좀 도와주면 정말 좋겠는데.

- I could use a cup of coffee right now.

  지금 커피 한잔하면 딱 좋겠다.

- You look like you could use a break. Come on, let's get some air.

  너 좀 쉬는 게 좋을 것 같은데. 가자. 바람 좀 씌자.

A Wow, that contractor you hired really did a great job. It's like a brand new apartment.

와, 네가 고용한 그 업자 진짜 일 잘했다. 완전 새 아파트 같아.

B Yeah. He really seems to know his stuff.

응. 정말 일을 잘하는 것 같더라고.

A Can I get his number? My apartment could really use a fix here and there.

나 그 사람 번호 좀 줄래? 우리 집도 여기 저기 손 좀 보면 좋을 것 같은데.

B Of course. I have his card in my office. I'll text it to you tomorrow.

물론이지. 명함이 사무실에 있거든. 내일 문자로 보낼게.

A Yeah, just when you get a chance.

응, 천천히 보내줘.

✐ **could use는 단순히 원한다는 수준을 넘어 '정말 필요하고, 간절히 원하고, 꼭 있었으면 좋겠다'라는 의미가 복합적으로 들어 있어요.**

- Wow! It's steaming. I could sure* use a cold glass of lemonade right about now**.

  와! 푹푹 찌네. 지금 차가운 레모네이드 한 잔 마시면 정말 좋겠네.

  * 문법을 따진다면 surely가 맞지만 회화에서는 그냥 sure이라고도 많이 해요.
  ** right about now는 right now와 비슷한데, 일상에서 좀 더 캐주얼하게 쓰는 표현이에요.

- I got a part time job working the register at a local store on weekends. It's not much, but the job is easy and I could certainly use the extra cash.

  동네에 있는 가게에서 계산대 직원으로 주말 아르바이트 시작했어. 별거 아니지만 일도 쉽고 돈도 좀 더 벌고 좋을 것 같아.

✐ **필요하다는 걸 간접적으로 말하는 표현이므로, 상대방에게 부탁하거나 제안할 때 could use를 써도 잘 어울립니다.**

- I've never done this before. I could really use some advice.

  전 이거 한 번도 해본 적이 없거든요. 조언을 좀 해주시면 정말 좋겠어요.

- Are you busy right now? Because we could use some help clearing the furniture in the break room.

  지금 바빠? 휴게실에 있는 가구 빼는 거 도와주면 정말 좋겠는데.

☑ could use의 주체가 사람이 아닌 물건이나 장소가 되기도 합니다.

- I think it could use a bit more soy sauce.

  간장이 조금 더 들어가도 좋을 것 같아.

- The bedroom could use some new wallpaper.

  침실에 새 벽지를 좀 바르면 좋을 것 같아.

☑ really 등의 부사를 활용해 could use 표현을 강조하는 것도 흔히 볼 수 있어요.

- Your car really could use a wash. When was the last time you got it washed?

  네 차 진짜 세차 좀 하면 좋겠다. 마지막으로 세차한 게 언제야?

- It could definitely use some ironing, but everything looks good for the most part.

  다림질을 좀 하면 좋긴 하겠는데 전반적으로 좋아 보이네요.

- It could certainly use a new finish, but it's in very usable condition as it is.

  새 칠을 좀 해 주면 좋긴 하겠지만 지금 그대로도 꽤 쓸 만한 상태예요.

UNIT 58

★ ☆ ☆

It's not as bad as it looks.

그렇게 나쁘진 않아.

> ▶ "그렇게 나쁘진 않아"를 영어로 어떻게 말할까요?
>
> It's not that bad.라고도 하지만 원어민들은 It's not as bad as it looks/sounds.라고도 흔히 말해요. '그래 보일지는 몰라도' '그렇게 들리긴 하지만' 같은 의미가 강조되는 효과가 있어요. 그래서 단순히 "그렇게 나쁘진 않아"가 아닌, "그래 보일지는 몰라도 그렇게 나쁘진 않아" "그렇게 들릴 수는 있는데 그렇게 심각하진 않아"처럼 조금 더 섬세한 느낌이 나요.

HOW IT'S USED 🔍 기본 예문으로 표현 익히기

A: That's a pretty big cast. It must be really uncomfortable.

깁스가 꽤 크다. 엄청 불편하겠는데.

B: It's not as bad as it looks.

그렇게 나쁘지는 않아.

A I can't believe I screwed it up. I guess we should just dump this. Should we get something delivered?

내가 이걸 망쳐버리다니. 이건 그냥 버려야겠다. 뭐 배달이나 시킬까?

B No. Wait. Have you tried it?

아니. 잠깐만. 이거 먹어보긴 했어?

A No.

아니.

B Try it first.

일단 먹어봐.

A (slurp)

후릅

B Well?

어때?

A Hmm. It's not as bad as it looks. It could certainly use a bit more salt, but not bad.

흠. 보기보다 괜찮네. 소금이 좀 더 들어가면 좋긴 하겠는데, 먹을 만하네.

B Then let's just eat it. I'm starving. I can't wait another hour for delivery.

그럼 그냥 먹자. 나 너무 배고파. 배달 음식 올 때까지 또 한 시간 못 기다릴 것 같아.

- Don't freak out. It's not as bad as it looks.

  너무 놀라지 마. 지금 이래 보여도 그렇게 나쁘진 않아.

- In reality, it's not as bad as it looks in movies.

  실제로는 영화에 나오는 것처럼 그렇게 심하진 않아.

- It's not as bad as it looks. I took her to the vet yesterday and they said there was nothing to worry about.

  좀 그래 보여도 심각한 것은 아니더라고. 어제 동물병원에 데려갔는데 걱정할 것 없다고 했어.

- It's not as bad as it looks, but I think you do need to keep an eye on it.

  그렇게 심각한 상태는 아닌데, 지켜볼 필요는 있을 것 같아.

- I know what you're thinking, but it's really not as bad as it looks. It's just bantering. That's just how they talk to each other.

  무슨 생각하는지 알아. 그런데 진짜 그런 심각한 상황 아니야. 그냥 장난치는 거야. 쟤네 원래 대화를 저런 식으로 해.

TIP it's not as bad as it looks의 발음

it's not as bad as it looks를 원어민이 발음할 때는 묵음 처리가 많이 돼서 [이쓰나래스배래슬룩쓰]처럼 들립니다.

☑ **들었을 때 걱정이 될 만한 것에 대해 말하는 맥락이라면 look 대신 sound를 써서 it's not as bad as it sounds라고 말해요.**

- A: The doctor told me it's something called Costochondritis.

  의사가 늑골연골염이라는 거래.

  B: What?

  뭐라고?

  A: Don't worry. It's not as bad as it sounds.

  걱정 마. 그렇게 심각한 거 아니니까.

☑ **It looks much worse than it is는 실제 회화에서 '보기보다 좋다/의외로 괜찮다'라는 뜻으로 통해요.**

- A: How about this place?

  여기는 어때?

  B: I don't know. It looks kind of old.

  글쎄. 좀 오래돼 보이는데.

  A: I've been here a few times. Don't worry. It looks much* worse than it is. The food is actually really great.

  난 여기 몇 번 와봤거든. 걱정 마. 막상 가 보면 의외로 괜찮아. 음식은 진짜 끝내 줘.

  * 비교급을 강조할 땐 very말고 꼭 much를 쓰세요. 생각보다 정말 많이 틀려요.

(TIP) '보기보다 좋다'를 말하는 다른 표현

예를 들어, It's better than it looks.라고 해도 It looks worse than it is.와 의미상 큰 차이가 있는 건 아니에요. 다만 각각에 좀 더 어울리는 상황이 있어요. It looks worse than it is.라고 하면 첫 인상이 안 좋았는데 생각보다 좋았다는 느낌이 있어요. 반면 It's better than it looks. 는 좋게 생각했는데 심지어 그것보다도 더 좋았다는 느낌이고요.

★★★
UNIT
59

How about Chinese? We haven't had any in a while.
오랜만에 중국 음식 어때?

▶ **놀랍게도 영어에는 '오랜만에'에 딱 들어맞는 표현이 없어요.**

그래서 haven't p.p. + in a while을 써서 '오랫동안/한동안 ~
하지 못했다'라고 돌려서 말하는 게 일반적이에요. in a while
말고 in a long time처럼 '오랫동안'이라는 의미를 가진 다른
부사구가 오기도 해요.

HOW IT'S USED 🔍 기본 예문으로 표현 익히기

- How about Chinese for lunch? We haven't had
  Chinese in a while.

  오늘 점심은 오랜만에 중국 음식 어때? (직역: 오늘 점심은 중국 음식 어때? 안
  먹은 지 좀 됐는데.)

- Should I give her a call? I haven't spoken to her in
  a while.

  오랜만에 걔한테 연락해볼까? (직역: 걔한테 전화해볼까? 연락 안 한 지 꽤 됐는
  데.)

A Do you want to go to the movies this weekend? We haven't done **that** in a while.

이번 주말에 오랜만에 영화 보러 갈래?

B Sounds great. I'm going to get a huge popcorn. I haven't had **any** in a long time.

좋아. 오랜만에 큰 팝콘 먹어야지.

A Popcorn sounds great. I actually have a pretty good home theater setup at home. I even have a popcorn maker, but it just isn't the same.

팝콘 좋지. 나 사실 집에 꽤 괜찮은 홈시어터를 갖춰 놨거든. 심지어 팝콘 메이커도 있는데 아무래도 그 맛이 안 나더라.

B Yeah. Home theaters are great and all, but it just can't beat going to an actual theater.

맞아. 홈시어터도 좋고 다 좋은데, 그래도 극장에 가는 거랑은 비교가 안 되지.

- I haven't seen **her** in a while.
  걔 못 본 지 꽤 됐어.

- Let's go to the amusement park. We haven't been **to one*** in a while.
  오랜만에 놀이공원에 가자.

  > * 어느 특정 놀이공원을 염두에 두고 하는 말이라면
  > We haven't been <u>there</u> in a while로 써도 돼요.

- Wow! Look at this. I haven't seen **one of these** in a really long time.
  와! 이거 봐. 이런 거 진짜 오랜만에 본다.

- I'm meeting up with a few friends next week. We haven't seen **each other** in quite some time.
  다음 주에 친구들 몇 명과 오랜만에 모이기로 했어요.

- A few friends and I had(did) a little cookout at my place yesterday. We hadn't done* **one** in quite some time.
  어제 우리 집에서 친구들 몇 명이랑 오랜만에 밖에서 바비큐 해먹었어.

  > * 과거완료시제를 쓴 것에 주목하세요. 친구들과 오랫동안 바비큐를 하지 못한 것은
  > 어제 바비큐를 하기 전의 일이기 때문이에요.

✓ **it's been a while since + have p.p.는 haven't p.p. + in a while과 의미와 어감이 동일해요.**

- Hey. It's been a while since **we've been*** to that taco place at the intersection. Do you want to go there for lunch today?

    야. 우리 오늘 점심은 오랜만에 그 사거리에 있는 타코집에서 먹을래?

    > * It's been a while since we <u>went</u> to that taco place라고 할 때도 있어요.
    > 굳이 따지면 과거시제를 쓰면 그곳에 간 마지막 날을 염두에 두고 말하는 느낌이 나고
    > 현재완료시제를 쓰면 간 지 막연하게 오래된 느낌이 나요.

- It's been quite some time since **we've gone** camping, hasn't it? Do you want to go this weekend?

    우리 오랜만에 캠핑이나 다녀올까? 이번 주말에 어때?

✓ **그냥 "오랜만이다"라고 말할 때도 it's been a while을 많이 써요.**

- A: Hey! Long time no see!

    야! 오랜만에 보네!

    B: Yeah! It's been a while. How've you been?

    그러게! 진짜 오랜만이다. 어떻게 지냈어?

T I P **for the first time in a while과 항상 바꿔 쓸 수는 없어요**

이 표현이 앞서 배운 방식보다 쉽게 느껴지나봐요. 그래서 이 표현으로 통일할 수 없냐는 질문을 자주 받는데요. 이 표현은 생각보다 제한적이에요. 예를 들어, "오랜만에 피자 먹고 싶다"라고 할 때는 저 표현을 쓸 수 없어요. "오랜만에 피자 먹었다"라고 말하는 건 가능해요.

- I had pizza <u>for the first time in a while</u>.
    <u>오랜만에</u> 피자 먹었다.

UNIT 60

★☆☆

I couldn't care less what people say about me.

사람들이 나에 대해 뭐라고 하든 난 전혀 신경 안 써.

 ▶ **"난 전혀 신경 안 써"를 영어로 말해볼까요?**

이걸 I don't care at all.이라고도 할 수 있지만, 이보다 더 강조하는 표현이 있어요. 바로 I couldn't care less라는 표현입니다. 이보다 덜 신경 쓸 수 없는 상태, 즉 신경이 이미 '0'(최하)인 상태를 의미해요. "난 1도 신경 안 써"라는 말하고 굉장히 비슷해요.

HOW IT'S USED 🔍 기본 예문으로 표현 익히기

• I couldn't care less what people say about me.

남들이 나에 대해 뭐라고 하든 난 전혀 신경 안 써.

• I honestly couldn't care less what happens to her.

진심으로 그녀가 어떻게 되든 난 조금도 관심 없어.

• I couldn't care less what they do in their own time.

그들이 개인 시간에 뭘 하든 난 전혀 관심 없어.

A You're actually going to post that?

그거 진짜 올릴 거야?

B Of course. Why wouldn't I?

응. 못 올릴 이유가 없잖아?

A Well, I mean, some people might find that offensive.

아니, 기분 나쁘게 받아들이는 사람들이 있을 것 같아서.

B So? I couldn't care less what people think. I'm tired of worrying about what others might think of me. I just want to express myself freely.

그래서? 사람들이 어떻게 생각하든 전혀 신경 안 써. 남들이 나에 대해서 어떻게 생각할지 고민하는 것도 지겨워. 그냥 내 마음대로 자유롭게 표현할래.

A OK, if you say so. Just don't say I didn't warn you.

그래, 네가 정 그렇다면야. 나중에 왜 안 말렸냐고 나한테 뭐라고 하지만 마.

⊘ **couldn't care less about 다음에는 명사 또는 명사절이 나오는 것이 일반적인 형태인데, 명사절을 쓸 때는 about이 생략되는 편입니다.**

- I couldn't care less about that right now. I just want to get out of here.

  지금 그거는 전혀 신경 안 쓰여. 그냥 여기서 빨리 나가고 싶어.

- I couldn't care less how desperate he was. What he did was wrong.

  그가 얼마나 절박했는지는 하나도 관심 없어. 그가 한 짓은 잘못된 거야.

- She's a great actress and that's all that really matters to me. I couldn't care less what she does in her personal time. Just because she's famous doesn't mean she has to be a saint.

  그녀는 훌륭한 배우이고 난 그거면 돼. 그녀가 개인 시간에 뭘 하든 내가 알 게 뭐야? 유명하다고 해서 성자가 돼야 하는 건 아니잖아.

⊘ **as long as를 함께 써서 가장 중요한 조건에 대한 얘기(~하기만 한다면 전혀 신경 쓰지 않는다)를 하는 경우도 많아요.**

- I couldn't care less about the design as long as it does the job.

  기능만 제대로 한다면 디자인은 전혀 신경 안 써.

- The way I see it, the boss couldn't care less what you wear to work as long as you get the job done.

  내가 보기에, 사장님은 네가 일만 제대로 해낸다면 뭘 입고 출근하든 전혀 신경 안 쓸걸.

✅ **무조건 부정적인 맥락에서만 쓰는 표현은 아니에요. 아래 예문에서 볼 수 있듯 어떻게 쓰는지에 따라 다른 의미로도 해석돼요.**

- It had been a dream of mine to work there, so you could imagine how excited I was. They had me do very minuscule work for months, but I honestly couldn't care less.

  저는 거기서 일하는 게 꿈이었거든요. 그러니 얼마나 좋았겠어요? 몇 달 동안 하찮은 일만 시켰는데, 사실 전 전혀 싫지 않았어요.

- Rescuing a dog from an overseas shelter turned out to be quite a complicated and expensive process, but I couldn't care less what it took. I was determined to bring him with me.

  해외에 있는 보호소에서 개를 입양하는 게 알고 보니 꽤 복잡하고 비싼 절차더라고. 그런데 어떤 대가를 치르더라도 난 상관없었어. 반드시 데리고 오고 싶었어.

TIP 같은 개념으로 접근하면 좋은 표현 ━━━━

I couldn't agree with you more.는 누가 한 말에 대해서 완전 공감하고 동의함을 표현할 때 많이 사용합니다. '당신에게 (지금보다) 더 동의할 수는 없을 거다', 즉 이미 동의하는 정도가 100%(최대)라는 의미로 I totally agree with you.를 더욱 강조한 표현이죠. 이 표현도 그렇고 앞서 배운 I couldn't care less.도 그렇고 결국은 '그러고 싶어도 그러지 못한다(I couldn't care less even if I wanted to)'라는 가정법의 느낌이 있기 때문에 둘 다 can이 아닌 could를 썼어요.

빨모쌤의 영어 업그레이드 팁

지금 당장 〈To-Speak List〉를 만드세요

〈To-Do List〉가 '할 일 목록'이라면 〈To-Speak List〉는 '앞으로 해야 할 말 목록'이라고 할 수 있어요. 영어를 배우는 사람이라면 반드시 갖고 있기를 추천합니다. 〈To-Speak List〉를 만드는 세 가지 방법을 설명할 테니 각각에 대해 목록을 만들고 수시로 보며 상시적으로 업데이트하세요.

1. 나 자신과 일상

누구를 처음 만나서 서로 알아가는 과정에서 내가 어떤 사람이며 내 일상이 어떤지에 대해서 얘기를 해준다고 상상해보세요. 이것은 세상 누구보다도 내가 가장 잘 알 수밖에 없죠.

그리고 그 내용을 그냥 생각나는 대로, 너무 구체적으로 서술하기보다는 간단히 메모한다고 생각하고 목록으로 죽 나열해보세요. 성격, 음식, 직장 등의 카테고리가 있으면 조금 더 편하게 접근할 수 있어요.

예.

나이와 성별: 40대 초반. 미혼. 남성. 아직 결혼 생각 없음. 싱글 라이프에 만족.

성격: 외향적인 척하지만 사실 내성적. 혼자만의 공간에서 시간을 보내는 걸 좋아하고

중요하게 생각함.

좋아하는 것: 대부분의 동물을 좋아하지만 특히 개를 좋아함. 언젠가 마당 있는 집에서 내 개를 키우고 싶음.

가족 관계: 대가족. 4남매. 내가 둘째. 누나, 남동생, 여동생 각 1명. 나만 미혼이지만 형제와 조카들이 자주 놀러 와서 외롭다고 느껴본 적 없음.

현 거주지와 희망 거주지: 인천에서 태어나서 자랐지만 지금은 수원에 살고 있음. 언젠가는 해외에 나가서 살고 싶다는 생각 있음.

커리어와 직장: 자동차 정비사로 일한 지 15년 됨. 2년 전에 개인 샵 차림. 이제 서서히 자리 잡기 시작. 사람 관리하는 게 이렇게 힘든 줄 몰랐음.

영어를 공부하는 이유: 돈을 모아서 외국에 샵을 차리고 싶음. 거기서 가정까지 꾸릴 수도 있다고 생각함.

취미 생활: 평일에는 일하고 집에 돌아와 거의 컴퓨터 게임하면서 지냄. 주말에는 조카들과 놀거나 오토바이 동호회 사람들과 놀러 다님.

영화 취향: 액션, 코미디 영화 좋아함. 슈퍼히어로 영화는 별로. 질질 짜게 하는 영화는 지루해서 못 봄.

이런 내용을 생각만 하는 게 아니라 실제로 쓰면서 나열하다 보면 여러모로 궁금해지는 영어 표현들이 저절로 생길 거예요. 일단은 완벽하지 않아도 좋으니 누구에게 이런 내용들을 영어로 얘기한다고 생각하고 글로 쓰기도 하고 말로도 해보세요. 영어로 적절히 표현하지 못하는 부분들이 드러날 겁니다. 자연스럽게 그것들이 나의 개인적인 학습 목표가 되는 거죠. 앞으로 영어를 접하거나 강의를 들으면서 이런 부분들을 조금씩 채워가세요.

2. 이불킥과 교정

영어로 누구와 대화를 어렵게 하고 집에 돌아온 후에야 '아, 그때 이렇게 말할걸!' 하고 '이불킥' 했다는 경험담을 정말 많이 들어봤을 거예요. 그런 거, 그냥 지나치지 말고 기록해두세요. 아니면 '저번에도 못했는데 이번에도 못했잖아! 이 바보!'라고 자책하며 더 강력한 이불킥을 하게 될 겁니다. 그리고 '다음에 같은 상황이 왔을 때는 꼭 제대로 말해야지'라는 생각으로 연습하세요. 배우가 대본을 연습하듯이 말이에요.

더 나아가, 학원에서 수업을 듣거나 유튜브로 실시간 강의를 듣다가 자신이 한 영어에 대해 교정을 받을 때가 있는데요. 이런 것들을 일일이 정확하게 기록해둬야 하는 것은 아니지만, 그중에는 메모가 필요한 중요한 교정 내용이 몇 가지 있습니다.

- 현재시제 문장에서 3인칭 단수 주어에 대한 동사 변형: - s/-es

  ex. He has ~ / She knows ~ / It doesn't matter ~

- 단수형/복수형을 의식한 대명사의 올바른 활용

  ex. Are those new shoes? / Where did you get them? / How much were they? / Do they come in different colors?

위와 같은 내용을 예시로 든 이유는 이미 우리가 머리로는 이해하고 있지만 영어로 말을 하거나 글로 쓸 때는 수시로 틀리는 대표적인 실수이기 때문입니다. 전치사나 관사와는 달라요. 그것들은 쉽게 이해되지 않을뿐더러 심지어 왜 그렇게 썼는지 이해할 수 없는 경우도 종종 있거든요. 하지만 앞서 나열한 두 가지는 좀만 더 신경 쓰고 약간의 시간을 투자하면 분명히 고칠 수 있는 습관입니다. 그리고 무엇보다, 작지만 큰 효과를 내는 교정이에요. 원어민에게는 너무나도 당연하기 때문에 틀리면 매우 어색하게 들리거든요.

이 목록을 만들 때 가장 큰 적은 '귀찮음'이에요. 왠지 그냥 다 기억할 수 있을 것 같거든요. 하지만 그럴 수 없다는 건 본인이 더 잘 알 거예요. 엄청나게 에너지가 필요한 거 아니잖아요. 약간만 부지런해지면 됩니다.

3. 나도 저렇게 말하고 싶다

이건 앞서 여러 번 언급한 내용이어서 긴 설명이 필요하지 않아요. 영어를 접하다 보면 왠지 마음에 드는 어휘나 표현, 구절, 문장 등이 있기 마련이에요. 그럴 때 그냥 앉아서 감탄만 하고 있지 말고 어디에 써놓고 자주 보고 입을 움직여서 소리를 내 봐요. 외울 수 있을 정도로요. 할 수 있어요.

CHAPTER 8

반드시
고쳐야 하는
한국식
영어 표현

UNIT 61

★ ★ ★

I have to be there by 2.
나 거기 2시까지 가야 해.

▶ 왜 I have to go there by 2.가 아니냐고요?

go는 한 곳에서 다른 곳으로 이동하는 것을 가리키는 말입니다. 즉, 출발과 이동과 도착의 의미가 다 담겨 있는 것이 go예요. 하지만 "거기에 2시까지 가야 한다"라는 말은 다시 말해서 '그곳에 2시까지 도착해야 한다'라는 의미죠. 그래서 이럴 때는 arrive나 be동사를 써야 합니다.

LET'S FIX IT 🔍 틀린 표현 바로잡기

지금 지하철역으로 <u>가는</u> 길이야. 한 30분이면 갈 수 있을 것 같아. 벌써 다들 <u>왔다고?</u> 미안. 최대한 빨리 갈게.

✖ I'm going to the subway station right now. I think I can go there in about half an hour. Everybody came already? Sorry. I'll go there as soon as I can.

◎ I'm on my way to the subway station right now. I think I can be there in about half an hour. Everybody is there already? Sorry. I'll be there as soon as I can.

A Wow. That place looks nice.

와. 저기 좋아 보이네요.

B I think I've been there.

저 거기 가본 것 같아요.

A You've been to Germany?

독일에 가봤다고요?

B Well, my father was there on business for a few years and my mom and I got to* visit him a few times.

아빠가 거기에 출장으로 몇 년 계셨거든요. 그래서 엄마랑 방문하러 갈 기회가 몇 번 있었어요.

A That must've been nice.

좋았겠네요.

B Actually, I hardly remember what it was like. I was only like 6, and we were there only for a few days at a time. But, yeah, I think it was quite nice.

사실 어땠는지 기억은 거의 안 나요. 겨우 6살이었고, 한 번 갔을 때 며칠씩밖에 안 있었거든요. 근데 꽤 좋았던 것 같긴 해요.

* get to는 get a chance to의 축약이라고 볼 수 있어요. '~할 수 있다' 정도로 해석되는 경우가 많아요.

- I'm on my way* there.

  그쪽으로 가는 길이야.

  > * be on one's way + 〈어디〉는 '어디에 가는 길이다'라는 뜻이에요.
  > I'm on my way(가는 중이야).라고만 말하기도 해요.

- Is everybody here? Who's not here?

  다 왔나요? 안 온 사람은 누구죠?

- Kim! I think someone is at the door. Could you go see who it is?

  킴! 누가 온 것 같은데. 가서 누군지 좀 봐줄래?

- I'll be back in about 10 minutes.

  10분 뒤에 다시 올게.

- What time do you think you'll be here?

  넌 몇 시쯤 올 것 같아?

FURTHER USE ✎ 응용 및 심화 표현 배우기

✅ **어디에 '가본/와본' 사실이나 경험을 말할 때 be동사를 어떻게 활용하는지 보세요.**

- We were here last month. Don't you remember?

  우리 여기 지난 달에 왔었잖아. 기억 안 나?

- This place looks really familiar. I think I've been here before.

  여기 되게 낯익다. 나 전에 여기 와본 것 같아.

- I haven't been here for very long.

  저 여기 온 지 얼마 안 됐어요.

- I've never been there before, have you?

  난 거기에 한 번도 가본 적 없는데, 넌 가 봤어?

- Where the hell* have you been?

  도대체 어디 갔다 온 거야?

  * hell을 썼다고 해서 반드시 욕이 되는 건 아니에요.
이렇게 강조할 때도 일상적으로 자주 써요.
개인적으로 너무 불편하다면 heck으로 바꿔도 돼요.

TIP 그럼 세상의 모든 go를 be로 대체하면 될까?

이렇게 언어를 '모 아니면 도'라는 식으로 배우지 않았으면 좋겠어요. go 대신 be를 쓰는 것이 더 자연스러운 맥락을 몇 가지 살펴본 것일 뿐이에요. 다음 예문에서처럼 go를 써야 하고 go가 더 잘 어울리는 맥락도 여럿 있습니다.

- I don't go to work on weekends. 저는 주말에는 출근 안 해요.
- I'm going camping this weekend. 저 이번 주말에 캠핑 가요.
- We went to a nearby park. 우리는 근처에 있는 공원에 갔어요.

notice는 '알리다'가 아니에요

★★★

UNIT 62

Do you notice anything different about me?
나 뭐 달라진 거 모르겠어?

▶ **notice는 명사로 쓸 때와 동사로 쓸 때가 뜻이 달라요.**

notice는 명사일 때 '공지, 통보'라는 뜻이지만 동사로 쓰게 되면 기본적으로 달라진 점이나 특이한 점, 이상한 점, 주목할 만한 점을 '감지한다'라는 의미가 돼요. 흔히 notice를 '알리다'라고 아는데, 이 뜻으로 쓰는 단어는 notify예요. 그래서 스마트폰 '알림'을 notification이라고 해요. 헷갈리면 안 돼요.

HOW IT'S USED 🔎 기본 예문으로 표현 익히기

A: Do you notice anything different about me?*

나 뭐 달라진 거 모르겠어?

B: No. I don't notice anything.

아니. 잘 모르겠는데.

* 일상 대화에서는 Notice anything? Do you notice anything?
정도만 말해도 충분할 때가 많아요.

320   PART 2. 연습 가이드

Ⓐ I think Sammy might have a girlfriend.

새미에게 여자 친구가 생긴 것 같아.

Ⓑ Our Sammy? Really? That's so cute. How do you know though?

우리 새미가? 진짜? 너무 귀엽다. 그런데 어떻게 알아?

Ⓐ Haven't you noticed anything a bit strange about him lately?

최근에 좀 행동이 이상해진 거 못 느꼈어?

Ⓑ No. I haven't noticed anything. Strange? Like how?

아니. 아무것도 못 느꼈는데. 이상해졌다고? 어떻게?

Ⓐ Well, for one thing, he's been spending noticeably more time in his room and I noticed that he's been looking at pictures of the same girl.

음, 일단 방에서 보내는 시간이 확실히 많아졌고, 같은 여자아이 사진을 계속 보는 것 같더라고.

✐ notice는 맥락에 따라 다양한 의미로 활용돼요. 단순히 '알아차리다'라는 말과 대응 시키지 말고 '달라진 점을 감지한다'라는 기본 개념으로 접근해야 합니다.

- Don't worry. He's usually really busy in the mornings. He won't notice* anything.

  걱정하지 마. 그 사람 아침에는 엄청 바빠서 아무것도 모를 거야.

  > * He won't know anything이라고 해도 되지만
  > notice를 써서 '눈치채지 못할 거다'라는 느낌을 살렸어요.

- You'll know what I'm talking about when you see him. It's hard not to notice*.

  걔를 보면 내가 무슨 말을 하고 있는 건지 알 거야. 모르고 지나가기 어려워.

  > * It's hard to miss라고 해도 의미는 통하지만 여기선 notice가 더 잘 어울려요.

- I did find a few errors here and there but I didn't notice* any big issues with it.

  여기저기 오류 몇 개를 찾긴 했는데, 크게 문제가 되는 부분은 모르겠던데.

  > * I didn't see any big issues라고 하면 '(오직) 시각적으로는 큰 문제 없다'가 돼요.
  > notice를 쓰면 시각적인 것 외에도 전체적으로 큰 문제로 와닿은 것이 없다는 의미가 돼요.

- Wow, he is really good at noticing things. I hardly noticed anything.

  와, 걔는 정말 눈썰미가 좋네. 난 뭐가 달라진 건지 잘 모르겠던데.

☑ **notice 뒤에 that절이 나오는 경우도 정말 많아요. 이때 that은 생략 가능해요.**

• I looked at the menu and I noticed that they had raised* all the prices, even the beverages.

   메뉴를 딱 펼쳤는데, 가격을 전부 올렸더라. 심지어 음료도.

         * 가격을 올린 건 그 사실을 알기 전에 일어난 일이기 때문에 과거완료시제(had p.p.)를 썼어요.

☑ **형용사형 noticeable은 '티가 나는/눈에 띄는'이라는 뜻이고, 부사형 noticeably는 '티 나게/눈에 띄게'라는 뜻이에요.**

• There is a small scratch in one of the corners, but it's hardly noticeable.

   모서리 중 하나에 작은 흠집이 있는데 티가 거의 안 나.

• Mine got noticeably slower after the recent update. Did yours, too?

   내 거는 최근 업데이트 이후에 눈에 띄게 느려졌는데, 네 것도 그래?

TIP recognize와의 차이

recognize는 "쟤 민철이잖아" "이거 우리 강아지 짖는 소리인데" "이거 갈비 냄새다"처럼 무엇을 보고, 듣고, 맡아보고, 맛보고, 만져보고 그것의 정체를 안다고 할 때 쓰는 단어입니다.

• I didn't <u>recognize</u> her, but she seemed to know me.
   난 그녀를 못 <u>알아보겠</u>던데, 그녀는 날 아는 것 같더라고.

반면, notice는 무엇이 달라진 점이나 이상한 점을 인식한다는 의미로 쓰는 단어예요.

• I <u>noticed</u> that she kept scratching her nose.
   그녀는 자꾸 코를 <u>긁더라고.</u>

★ ★ ★

UNIT
63

I recommend that you see a doctor.

의사한테 가보는 걸 추천해.

▶ **원어민은 I recommend you ~라고 하지 않아요.**

흔히 누구에게 무엇을 추천할 때 I recommend + 〈누구〉로 시작함으로써 오류가 많이 발생해요. 핵심은 I recommend + 〈무엇〉으로 말하는 거예요. 누구에게 추천하는지를 생략하는 게 일반적이고, 꼭 언급해야 한다면 to + 〈누구〉로 추가해요. '~할 것을 추천하다/권하다'는 recommend/suggest 다음에 동사ing 또는 that절을 써서 많이 말해요.

LET'S FIX IT 🔎 틀린 표현 바로 잡기

담당 의사가 <u>내게</u> 몇 가지 옵션을 <u>추천했어.</u>

☒ My doctor recommended me a few options.

◎ My doctor recommended a few options (to me).

A What's that?

그거 뭐야?

B Oh, it's supposed to help break down body fat. You just dissolve it in water and drink it. Someone recommended it and I was just wondering if I should try it.

아, 이게 체지방 분해하는 데 좋다나 봐. 물에 녹여서 마시기만 하면 돼. 누가 나한테 추천한 건데 한번 먹어볼까 하고 있었어.

A Oh, it's a dietary thing. Who recommended it?

아, 다이어트용이구나. 누가 추천했는데?

B One of my favorite fitness YouTubers. He talked about it in a video recently.

내가 제일 좋아하는 운동 유튜버 중 한 명이. 그가 최근 영상에서 얘기한 거야.

A In that case, I suggest you do plenty of research because those things can be harmful when you take them for too long.

그런 거라면 충분히 알아보고 해. 그런 것은 너무 오래 먹으면 해로울 수도 있어.

PRACTICE ✎ 다양한 내용으로 연습하기

✅ **recommend + <무엇> + to + <누구>라고 하면 '누구에게 무엇을 추천하다'라는 말이 됩니다.**

- I wouldn't* recommend it. It's too expensive.

  나라면 추천하지 않을 것 같아. 너무 비싸.

  > * don't라고 하지 않고 wouldn't라고 하는 이유는
  > '나라면' 또는 '내 생각을 말하자면' 같은 가정을 하고서 하는 말이기 때문이에요.

- How was the movie? Would you recommend it?

  영화 어땠어? 추천할 만해?

- My uncle recommended it to me.

  삼촌이 나한테 추천했어.

✅ **어떤 목적이나 조건에 적합해서 추천할 때는 to 말고 for를 써요.**

- My coworkers recommended me for the job.

  제 동료들이 그 일에(그 일을 하기 적합하기에) 저를 추천했어요.

- It's a good camera, but I don't recommend it for everyday use.

  좋은 카메라지만 매일 사용하는 데는 추천하지 않아요.

FURTHER USE ✏️ 응용 및 심화 표현 배우기

✅ recommend/suggest + 동사ing로 '~할 것을 추천하다/권하다'라고 말해요.

- I wouldn't recommend going there this time of the year. It's too crowded.

  나라면 이맘때 거기 가는 건 추천하지 않아. 사람이 너무 많아.

- We still had a lot of work to do, so I suggested ordering in.

  아직 할 일이 많아서 그냥 시켜 먹자고 했어.

✅ recommend/suggest 다음에 나오는 that절에는 반드시 '동사원형'을 써야 합니다. 조동사 should가 생략되었다고 보기 때문이에요.

- I recommend you get it in black.

  검은색으로 사는 걸 추천해.

- I recommend you think it over a few more days.

  며칠 더 생각해볼 것을 추천요.

- I suggest you be more thorough next time.

  다음에는 좀 더 꼼꼼하게 하셔야겠어요.

- I suggest you rent the place for at least a year before you decide to buy it.

  매수하기로 결정하기 전에 최소 1년은 임대해서 살아보는 게 좋을 거야.

UNIT 64

★★☆

Apparently, he has to work this weekend.

걔는 이번 주말에 일해야 한다나 봐.

▶ **apparently는 잘못 알기 쉬운 표현이에요.**

apparent가 '명백한, 분명한'이니까 apparently도 비슷한 뜻일 거라고 오해할 수 있어요. 그런데 apparently는 누구한테 들었거나 어디서 읽어서 사실로 '추정'되는 내용을 말하는 표현이에요. 해석은 맥락에 따라서 조금씩 다른데 대체적으로는 '~이라나 봐/한다나 봐' 정도로 생각하면 좋을 것 같아요.

HOW IT'S USED 🔍 기본 예문으로 표현 익히기

- He is not coming. Apparently, he has to work this weekend.

  걘 안 와. 이번 주말에 일해야 한다나 봐.

- Apparently, it comes in 12 different colors.

  12가지 색으로 나온다나 봐.

Ⓐ Why is Aaron so late? Did something happen to him?

애런이 왜 이렇게 늦지? 무슨 일이라도 있나?

Ⓑ Yeah, he's never this late. Oh, it's him.

그러게, 이렇게 늦는 애가 아닌데. 어? 전화 온다.

(통화 중)

Ⓐ What did he say?

뭐래?

Ⓑ Apparently, he was in a car accident.

차 사고가 났다나 봐.

Ⓐ What? Just right now? Is he OK?

뭐? 방금? 괜찮대?

Ⓑ I don't know, but it sounds like he's going to be stuck there for a while. Apparently, it was a multi-collision.

모르겠어. 그런데 한동안 거기에 묶여 있을 것 같네. 연쇄 추돌 사고가 났다나 봐.

✍ **apparently는 문장 맨 앞에 오는 게 일반적이지만 위치는 달라질 수 있어요.**

- Apparently, she comes from a long line of artists.
  그 여자는 대대로 이어져 오는 예술가 집안 출신이라나 봐요.

- They apparently made the delivery to a different address.
  (택배를) 다른 주소로 배달했다나 봐.

- Apparently, this isn't the first time something like this has happened.
  이런 일이 처음은 아니라나 봐요.

- There is a large community of people who believe that theory, apparently.
  그 학설을 믿는 부류가 꽤 있다나 봐요.

- Apparently, the construction had to be halted for financial reasons.
  재정적인 이유로 공사를 중단해야 했다나 봐요.

TIP 헷갈리기 쉬운 apparent와 apparently

- It was <u>apparent</u> that she was upset about something.
  그녀는 뭔가에 대해서 화가 나 있었던 게 <u>분명해</u>.

이처럼 apparent는 obvious나 clear처럼 '분명하고 명확히 사실인 것'을 말하는 데 써요. 반면 apparently는 주어진 정보에 따르면 '사실로 보이는 것'을 말하는 데 씁니다.

✅ **supposedly**는 해석만 놓고 보면 **apparently**와 거의 같은데, 내가 보고 들은 것보다는 대중적으로 널리 알려진 사실을 기준으로 얘기할 때 쓰는 표현이에요.

- Supposedly, it had nothing to do with money.
  돈이랑은 아무 상관이 없었다나 봐.

✅ **from what I hear**는 '내가 듣기로는'이라는 뜻이에요.

- It's even better than the prequel from what I hear.
  내가 듣기로는 전작보다도 훨씬 더 재미있대.

✅ **according to**는 '무엇에 따르면/어디에 나와 있기를'이라는 뜻입니다.

- According to their website, it's currently out of stock.
  거기 웹사이트에는 현재는 재고가 없다고 나와 있어.

✅ **according to**는 어디에 나와 있는 것을 그대로 전달하는 거라면, **based on**은 보고 들은 것을 토대로 나름대로 해석해 말하는 거예요.

- Based on what I've seen, I'd say it's going to take at least another month.
  내가 본 것을 토대로 말하자면, 앞으로 최소 한 달은 더 걸릴 거라고 봐.

✅ **by the looks of it**은 '보아하니/딱 보니까'라는 뜻이에요.

- The release date is going to get pushed back again by the looks of it.
  보아하니 출시일이 또 미뤄질 것 같아.

UNIT 65 ★★★

I gave her a cookie.
Is that OK?

내가 쿠키를 하나 좀 줬는데, 괜찮죠?

▶ **"괜찮아요?"는 항상 Are you OK?가 아니에요.**

Are you OK?는 상대방의 건강, 심리 상태가 괜찮은지 묻는 거예요. 만약 어떤 조건이나 상황이 괜찮은지, 상대방의 허락이나 승인을 구하는 맥락이라면 Is that OK? 혹은 Is that OK with you?라고 말해야 해요. Are you OK?가 워낙 익숙해서 새로운 표현에 적응하려면 어느 정도 연습이 필요해요.

LET'S FIX IT 🔎 틀린 표현 바로잡기

사이먼한테 같이 저녁 먹자고 할까 하는데, <u>괜찮지?</u>

✖ I was thinking of inviting Simon over for dinner tonight. Are you OK?

◉ I was thinking of inviting Simon over for dinner tonight. Is that OK?

DIALOGUE 💬 일상 대화 속에서 활용 감각 키우기

A I raised the temperature on the AC to 22 degrees. Is that OK?

에어컨 온도 22도로 올렸는데 괜찮아?

B Of course. It does seem a bit chilly in here now that you mention it. Oh, that reminds me. You had a cold, right? Are you OK? Are you feeling any better?

그럼. 그러고 보니 좀 추운 것 같긴 하다. 아, 그러고 보니 너 감기 걸렸었지? 괜찮아? 좀 나아졌어?

A Yeah. I still have a runny nose, but I'm doing a lot better. Thanks for asking.

응. 콧물은 좀 나오는데, 전반적으로 많이 좋아졌어. 물어봐줘서 고마워.

B That's good to hear. Oh, and I was thinking maybe we could just order in tonight. Is that OK with you? I still have a lot of work to catch up on.

다행이다. 아, 그리고 오늘 밤에는 그냥 배달시켜 먹을까 하는데, 괜찮아? 나 아직 할 일이 많이 밀려 있어서.

A Sure. That sounds great.

응. 좋아.

☑ **Is that OK (with you)?라고 말하는 연습을 해봐요. OK 대신 all right을 써도 돼요.**

- I parked right in front of the store. Is that OK? That was the only spot I could find.

  가게 바로 앞에 주차했는데, 괜찮나요? 주차 공간이 거기밖에 없어서요.

- I asked the repairman to come by a little earlier if he could. Is that OK with you?

  내가 수리 기사한테 더 일찍 올 수 있으면 그러라고 했는데, 너도 괜찮지?

☑ **특정 대상(Monday)을 주어로 해서, 그것이 너한테 괜찮은지 묻기도 합니다.**

- Is Monday OK with you? Or we can just do it next month.

  너 월요일은 괜찮아? 아니면 그냥 다음 달에 해도 되고.

☑ **I hope that's OK는 통째로 기억하면 좋겠어요. 괜찮을 거라고 어느 정도 예상을 한 상태에서 이미 어떤 행동을 했거나 어떤 결정을 내린 후에 쓰는 경우가 많아요.**

- I unplugged your phone. I hope that's OK. It was fully charged.

  내가 네 핸드폰 (선) 뽑았어. 괜찮지? 충전 다 됐더라고.

TIP **Are you OK with that?과의 비교**

Are you OK with that?은 "그래도 괜찮겠어?" 혹은 맥락에 따라서 "용납이 돼?" "용서할 수 있겠어?" 이런 느낌에 더 가까워요. 그래서 의도했던 것보다 비교적 강한 어감일 수 있어요.

- They want you to come to work on Sundays? <u>Are you OK with that</u>?
  일요일에도 출근을 하라고 한다고? 넌 그게 괜찮아?

FURTHER USE ✏️ 응용 및 심화 표현 배우기

✅ **의문문이 아닌 평서문에서도 같은 표현 방식을 활용할 수 있어요.**

• Either is fine* with me.

  어느 쪽이든 난 괜찮아(좋아).

> * 개인적으로 **Is that OK?**에 답할 때 **That's OK**보다 **That's fine**을 더 많이 쓰는 편인데요.
> 이처럼 **fine**이 '문제되지 않는'이라는 의미로 쓰이는 경우가 많아요.

• If it's OK with everyone else, I'd like to take a few more days to review everything.

  다른 사람들만 괜찮다면 며칠만 더 검토해보고 싶습니다.

• I'll have to ask her, but I'm pretty sure it'll be all right with her too.

  걔한테 물어봐야겠지만 아마 걔도 괜찮을 거야.

TIP 유사 표현과 감각동사의 활용

이 외에도 "괜찮아요?"를 의미하는 여러 가지 영어 표현이 있습니다.

1. work for

   A: Does tomorrow 7'oclock <u>work for</u> you?

   　내일 7시 <u>괜찮아</u>?

   B: That <u>works for</u> me.

   　난 <u>좋아</u>.

2. sound

   A: Does that <u>sound</u> all right to you?/Does that <u>sound</u> good to you?

   　<u>괜찮아</u>?

   B: Yeah, that <u>sounds</u> all right to me./Yeah, that <u>sounds</u> good.

   　어, 난 <u>좋아</u>.

★★☆

UNIT 66

I killed a fly with my hand.
손으로 파리를 잡았어.

▶ '~으로'를 무조건 by로만 말하는 습관을 고쳐야 해요.

우리가 수단과 방법에 대해서 이야기할 때 '~으로 …를 하다'라는 식으로 말을 하죠? 이때 '~으로'를 by로만 말하는 경향이 있어요. 그런데 어떤 '도구로' 한다는 말을 할 때는 by가 아니라 with를 써야 합니다. by는 '어떤 방법으로' 한다고 말할 때 쓰는 거예요. with의 활용에 익숙해지면 둘의 차이도 자연스럽게 감이 잡힐 거예요.

HOW IT'S USED 🔍 기본 예문으로 표현 익히기

• You can't learn a foreign language with only books. You have to familiarize it by constantly using it and practicing.

외국어를 책으로만 배울 수는 없어요. 꾸준히 사용하고 연습해서 익숙해져야 합니다.

Ⓐ **What are you doing?**

뭐 해?

Ⓑ **What does it look like? I'm cleaning the camera lens.**

보면 몰라? 카메라 렌즈 닦잖아.

Ⓐ **With your shirt?**

셔츠로?

Ⓑ **What then? I'm not going to clean it with my fingers.**

그러면 뭐? 손가락으로 닦을 수는 없잖아.

Ⓐ **You gotta clean it with a microfiber cloth or alcohol wipes.**

극세사 천이나 소독 티슈로 닦아야지.

Ⓑ **I forgot to bring those. It's fine. My shirt is exceptionally clean.**

깜빡하고 안 가지고 왔어. 괜찮아. 내 셔츠가 워낙 깨끗해서.

Ⓐ **You wouldn't be saying that if you had bought that lens with your own money. Stop being an amateur and run to the store and pick up some alcohol wipes.**

그 렌즈를 네 돈으로 샀으면 그렇게 말 못할걸. 아마추어처럼 굴지 말고 가게 가서 소독 티슈를 사와.

- I saw it with my own eyes*.
  내 눈으로 직접 봤어.

  > * 단순히 I saw it myself(내가 직접 봤어)와 비슷하지만
  > with my own eyes를 쓰면 더 강조하는 느낌이에요.

- I took some pictures with my phone*.
  내 핸드폰으로 사진을 몇 장 찍었어.

  > * 핸드폰 기능을 사용해서 무엇을 했다고 말할 때 on my phone이라고도 많이 해요.

- I bought it with my own hard-earned money.
  내가 열심히 일해서 번 돈으로 산 거야.

- You should always wash your hands thoroughly with soap.
  손은 항상 비누로 꼼꼼하게 닦아야 돼.

- A lot of people bring their dogs out here. You shouldn't walk
  with bare feet.*
  여기 개 데리고 나오는 사람들이 많아. 맨발로 걷지 않는 게 좋을 거야.

  > * '맨발로'를 barefoot으로 말하기도 합니다. You shouldn't walk around barefoot.

- I was able to finish it in time with a little help from my
  coworkers.
  동료들이 좀 도와줘서 제시간에 끝낼 수 있었어.

338   PART 2. 연습 가이드

✅ **over the phone/text/Skype/email처럼 전자식 통신 수단 '으로' 무엇을 한다고 얘기할 때 over를 많이 씁니다.**

- We talked about it over the phone a few times.

  전화상으로는 몇 번 얘기했어요.

✅ **through는 기능, 능력, 감각 등을 '통해서' 무엇을 한다는 얘기를 할 때 자주 써요.**

- They exceeded everyone's expectations through hard work and consistency.

  그들은 노력과 꾸준함으로 모두의 예상을 뛰어넘었다.

✅ **via도 많이 쓰지만 through나 over보다 좀 더 격식을 갖춘 느낌이 나요.**

- If you have any questions, you can contact me anytime via email or phone.

  궁금한 게 있으면 언제든 좋으니 이메일이나 전화로 편하게 연락주세요.

✅ **by + 동사ing로 무엇을 한 방식, 방법에 대해 얘기할 수 있어요.**

- It turned out that the perpetrator was able to evade the authorities for so long by disguising himself as a woman.

  범인은 여장을 함으로써 오랫동안 당국의 추적을 피할 수 있었던 것으로 드러났습니다.

✅ **'~을 사용해서'라고 할 때는 by using이라고 하지 않고 그냥 using이라고 하는 게 일반적이에요. 의미가 중복되기 때문입니다.**

- It was built using primitive construction techniques.

  원시적인 건축 기법으로 지어졌습니다.

★★☆
UNIT
67

As far as I know, he has a girlfriend.

내가 알기로는, 걔 여자 친구 있어.

▶ **as I know는 완전 틀린 표현이에요!**

정말 많은 분들이 '내가 알기로는'이라는 말을 as I know라고 하더라고요. 하지만 '내가 알기로는'이라는 말은 근본적으로 '내 지식에 한해서는'이라는 의미이기 때문에 as를 쓴다면 as far as I know라고 해야 합니다. 비슷한 맥락에서 쓸 수 있는 다른 표현들도 많이 있어요.

LET'S FIX IT 🔍 틀린 표현 바로잡기

내가 알기로는, 그 영화 올해 말은 돼야 나올 거야.

☒ As I know, the movie isn't coming out until later this year.

◉ As far as I know, the movie isn't coming out until later this year.

A Wow. That looks really handy.

와. 그거 엄청 유용해 보인다.

B Oh, yeah. I love this thing.

어, 맞아. 이거 너무 마음에 들어.

A Does it run on batteries?

건전지로 돌아가는 거야?

B No. It uses a charger.

아니. 충전식이야.

A Sweet. Where's it from?

좋다. 어디 거야?

B I don't know. Probably some Chinese manufacturer. But as far as I know, they don't make these anymore.

글쎄. 아마 어떤 중국 회사일걸. 그런데 내가 알기로는, 이거 이제 안 만들 거야.

A Oh. That's a shame.*

아. 아쉽네.

---

* What a shame/That's a shame은 '부끄럽다'는 감정을 가리키는 말이 아니라 '안타깝다'는 의미로 쓰는 말이에요. 물론, 안타깝기 때문에 부끄러운 일이라는 식으로 연결할 수도 있겠지만 어디까지나 안타까운 일이나 현상을 가리키는 말이지 부끄러운 감정을 표현하는 말은 아니에요. 부끄러운 감정에 대해서는 embarrassed, ashamed, humiliated 같은 말로 표현하는 게 일반적입니다.

⊘ 내가 알기로는 ① as far as I know

- As far as I know, the technology was first developed by some printing company.

  내가 알기로는, 어떤 인쇄 회사가 그 기술을 처음 개발했어.

⊘ 내가 알기로는 ② from what I know

- From what I know*, it's from the same company. They just use different branding.

  내가 알기로는, 같은 회사 거야. 그냥 다른 브랜드를 이용하는 것뿐이고.

  * based on what I know나 according to what I know라고도 해요.

⊘ 내가 알기로는 ③ to my knowledge(according to my knowledge의 축약형)

- To my knowledge, the system hasn't been updated in years.

  제가 알기로는, 시스템이 업데이트 안 된 지 몇 년은 됐어요.

- That was, to the best of my knowledge*, just a rumor.

  그건 제가 알기로는, 그냥 루머였을 뿐이에요.

  * the best of를 포함시켜서 '내가 아는 한'의 의미를 더욱 강조할 수 있어요.
  '내가 가진 지식을 총동원했을 때', 약간 이런 느낌으로요.

⊘ 내가 알기로는 ④ My understanding is (that)

- My understanding is that you can only get these used now.

  내가 알기로는, 이제 이건 중고로만 구할 수 있어.

⊘ 내가 보기에는/내 생각에는 ① the way I see it

- The way I see it, the timing was the problem.

  내가 보기에는, 타이밍이 문제였어.

⊘ 내가 보기에는/내 생각에는 ② as far as I can tell

- As far as I can tell*, the timing was the problem.

  내가 보기에는, 타이밍이 문제였어.

  > ＊ 여기서 tell은 '말하다'가 아니라 '판단하다'라는 의미예요.

⊘ 내가 보기에는/내 생각에는 ③ as far as I'm concerned

- As far as I'm concerned, he didn't do anything wrong.

  내가 보기엔, 그는 아무 잘못이 없어.(= 누가 뭐라고 해도, 난 걔가 아무 잘못이 없다고 봐.)

  > ＊ 직역하면 '내가 신경 쓰는 한해서'라는 뜻이죠?
  > 그래서 '내가 신경 쓰고 중요하게 생각하는 기준으로 볼 땐 이렇다,
  > 다른 얘기는 관심 없다'는 느낌으로 내 의견, 입장, 주장을 말하는 표현이에요.

- As far as the teachers are concerned*, he's getting along with the other kids just fine.

  선생님들이 보기에는, 다른 애들이랑 아주 잘 지내고 있나 보지.

  > ＊ 이런 식으로 주어를 바꿔서 제3자의 입장, 관점, 생각을 말할 때도 쓸 수 있어요.

⊘ 내가 보기에는/내 생각에는 ④ be under the impression (that)

- I was under the impression* these were illegal.

  저는 이게 불법인 줄 알았어요.

  > ＊ I thought보다 비교적 격식을 차린 표현이에요.

★★☆

UNIT
68

I can be there by 2. Could you wait until then?

2시까지는 갈 수 있어. 그때까지 기다려줄 수 있어?

▶ '~까지'를 until로만 말하는 습관을 진짜 빨리 고쳐야 해요.

until은 언제까지 무엇을 '계속'하는 맥락에서 써요. '~까지'가 '기한'을 의미하는 거라면 by를 써야 해요. 사실, until과 by의 차이를 이해하는 것은 어렵지 않아요. 더 큰 문제는 by를 '~까지'의 의미로 써본 적이 없어서 생기는 거부감을 없애는 일이에요. 습관을 바꾸려면, 정말 많이 사용해봐야 해요.

HOW IT'S USED 🔍 기본 예문으로 표현 익히기

• I have to submit these documents by* Friday.

금요일까지 이 서류들을 제출해야 해요.

> ★ 금요일이라는 마감일 전에 제출을 완료해야 하는
> '기한'의 맥락이기 때문에 by를 썼어요.

• They say signing up is free until* next month.

다음 달까지는 회원 가입이 무료래.

> ★ 일정 기간 동안 무료 가입 서비스가 유지된다고 하는
> '지속'의 맥락이기 때문에 until을 썼어요.

DIALOGUE 💬 일상 대화 속에서 활용 감각 키우기

A How long will the delivery take?

배송이 얼마나 걸릴까요?

B They typically take about a week. A week and a half at most.

보통은 일주일 정도 걸려요. 길게는 일주일 반이요.

A Well, I'm moving in a few weeks and I'll only be at this address until the 15th.

음, 제가 몇 주 뒤면 이사하거든요. 이 주소에는 15일까지만 있어요.

B Don't worry. The delivery will be made by then. Or if you'd like, we could make the delivery to your new address on a date of your choosing, but that will cost you extra.

걱정 마세요. 그때까지는 배송될 거예요. 원하시면 지정하시는 날짜에 새 주소로 배송해 드릴 수도 있는데, 그러면 추가 비용이 발생해요.

PRACTICE ✎ 다양한 내용으로 연습하기

⊘ 기한의 개념으로 쓰는 by

• He said he'll be here at 9 o'clock. It has to be ready by then.

그 사람이 9시에 온다고 했어요. 그때까지는 준비가 돼 있어야 해요.

• We have to finish this by the end of the day*.

우리 이거 오늘까지 끝내야 돼.

> * by the end of the day (today)는 '오늘 근무시간 종료 시점까지'라는 뜻이에요.
> 만약 내일 근무시간 종료 시점까지라면 by the end of the day tomorrow라고 하면 돼요.

• When do we have to be there by?

우리 거기에 언제까지 가야 해?

⊘ 지속의 개념으로 쓰는 until

• We waited until 9 o'clock.

우리 9시까지 기다렸어.

• Let's just stay here until the rain stops.

비가 그칠 때까지 여기에 있자.

• I didn't think the festival would be so fun. When is it held until?*

축제가 이렇게 재미있을 줄 몰랐네. 언제까지 하는 거야?

> * held를 생략하고 그냥 When is it until?이라고 해도 돼요.

✅ **by가 '~까지'로 해석되지 않는 맥락이에요. by the end of + <무엇>은 '~이 끝날 시점이 됐을 때'라는 뜻이에요.**

• By the end of the week, I'm usually completely exhausted.

한 주가 끝날 때쯤이면, 보통 난 완전 녹초가 돼 있어.

• I had gained* a few kilograms by the end of the holidays.

연휴가 끝날 때쯤이 되니까 살이 쪘더라고.

* 연휴가 끝난 시점에 이미 살이 찐 상태였으므로 과거완료시제(had p.p.)를 썼어요.

✅ **by the time은 시간에 걸쳐 일어나는 두 가지 일이 한 시점에서 만났을 때 각각 어떤 상태인지를 묘사하는 데 쓰여요.**

• The food was all gone by the time we got there.

우리가 거기에 도착했을 때는 음식이 이미 없었어.

• They were already closed by the time I got there.

내가 거기 도착했을 땐 이미 문을 닫았더라.

• By the time I graduated from university, I had already started* working as a software engineer.

대학교를 졸업할 무렵에 나는 이미 소프트웨어 개발자로서 일하기 시작한 상태였어.

* 졸업한 시점보다 더 전에 일을 시작한 것이므로 과거완료시제(had p.p.)를 썼어요.

It's hard for me to get up early in the morning.

난 아침 일찍 일어나는 게 힘들어.

★★★
UNIT
69

▶ **I'm hard to get up early.는 틀린 표현이에요.**

많은 분들이 '나는 ~하기가 힘들어'를 영어로 말할 때 I'm hard to ~로 시작하는 걸 정말 많이 봐요. 우리말 어순대로 생각하고 말하는 게 익숙하다 보니 신경 쓰지 않으면 흔히 하는 실수예요. 하지만 영어에서는 it's hard for me to ~라고 해야 올바른 표현이 돼요. 우리가 말하려는 건 내가 hard한 게 아니라 어떤 상황이나 일이 hard한 것임을 명심하세요.

LET'S FIX IT 🔎 틀린 표현 바로잡기

저는 개를 세 마리 키우는데 개들을 돌봐줄 수 있는 사람이 따로 없어서 여행하기가 <u>힘들어요</u>.

⊠ I have 3 dogs and no one else who can look after them, so I'm hard to do any traveling.

◉ I have 3 dogs and no one else who can look after them, so it's hard for me to do any traveling.

Ⓐ Sorry. Do you want to move to a different table? It's kind of hard for me to focus on our conversation.

죄송하지만, 우리 다른 테이블로 이동할까요? 제가 대화에 집중하기가 어려워서요.

Ⓑ Sure. We can sit over there I think.

그럼요. 저기로 옮겨도 될 것 같은데요.

Ⓐ That's much better. Don't get me wrong, I love children, but all the bustling and crying was just so distracting.

훨씬 낫네요. 오해하지 마세요. 저 애들 좋아하는데, 너무 부산스럽고 우는 소리 때문에 정신이 하나도 없어서요.

Ⓑ Of course. I have a boy and a girl and I cherish every moment with them, but the crying can still really get on my nerves*.

그럼요. 저도 아들이랑 딸이 있는데 함께하는 매 순간 너무 소중하거든요. 그래도 우는 게 참기 힘들 때도 있어요.

* get on one's nerves는 '성가시게 하다'라는 뜻이에요.

- It's hard for me to **pretend like it doesn't matter.**
  나는 괜찮은 척하기가 힘들어.

- It's hard for me not* to **worry about something like that.**
  나는 그런 걸 걱정하지 않기가 어려워.

  * '~을 하지 않는 것이 힘들다/어렵다'라고 할 때 **not**의 위치를 잘 보세요.

- It's hard for parents to **hold a full time job and find enough time to spend with their children.**
  직업을 가진 부모가 아이들과 시간을 충분히 보내기는 어렵지.

- It's hard for people like Stacey* to **just sit and watch other people get credit for her work.**
  스테이시 같은 사람은 자기가 한 일에 대한 보상을 다른 사람들이 받는 것을 그냥 앉아서 지켜보지만은 못하지.

  * It's hard for + 〈누구〉에서 '누구'를 people like Stacey라고 더 풀어서 얘기를 했는데, 이런 식의 표현도 많이 쓰니까 여러분도 한번 써보세요.

- It's not easy* for children of his age to **think rationally in a situation like that.**
  그 또래 아이들이 그런 상황에서 이성적으로 생각하는 것은 쉬운 일이 아니야.

  * hard(어렵다)를 not easy(쉽지 않다)로 표현하는 것은 한국어에서도 마찬가지죠.

FURTHER USE ✎ 응용 및 심화 표현 배우기

✅ **비슷한 맥락에서 '무엇을 하는 데 힘든 시간을 보내다'라고 말하기도 하죠. 이럴 때 have a hard time + 동사ing를 써요.**

- I have a hard time looking people in the eye when I speak to them.

  사람들과 얘기를 할 때 눈을 마주보는 게 저는 어려워요.

- This is their first time on this trail. They're going to have a pretty hard time reaching the top.

  그들은 이 코스가 처음이잖아요. 정상까지 가는 건 꽤 힘들 거예요.

✅ **it's hard for + <누구>만 쓰는 경우도 많이 볼 수 있어요.**

- I know it's hard for you, but you have to go through this.

  너 힘든 거 알지만, 반드시 거쳐가야 하는 과정이야.

- Nothing has changed since then. It was hard for us back then. It won't be easy for us this time.

  그때 이후로 달라진 게 없잖아. 우리는 그때도 힘들었고 이번에도 쉽지 않을 거야.

- He has never done anything like this before. I'm sure it wouldn't be easy for him.

  그는 이런 걸 한 번도 해본 적이 없어. 걔도 쉽지는 않을 거야.

★ ★ ★

UNIT 70

What are you looking for?
뭐 찾고 있어요?

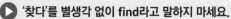 **'찾다'를 별생각 없이 find라고 말하지 마세요.**

그러면 의미 전달이 잘못될 가능성이 굉장히 커요. 왜냐하면
뭔가를 '찾다'라고 할 때는 ① 찾던 것을 발견했을 때 ② 무엇
이 필요하거나 원해서 찾고 있을 때 ③ 뭔가를 찾기 위해 장소
나 공간을 뒤질 때가 있는데, 영어에서는 각각을 find, look
for, search로 구별해서 쓰거든요. 이번 기회에 정확하게 사용
하는 법을 배워보세요.

HOW IT'S USED 🔍 기본 예문으로 표현 익히기

• The police looked for clues. They searched everywhere.
  But they didn't find anything.
  경찰이 단서를 찾았어요. 모든 곳을 다 찾아봤죠. 하지만 아무것도 못 찾았어요.

A You still haven't found your phone?

너 폰 아직도 못 찾았어?

B No! I've been looking for it for almost an hour now. I don't see it anywhere. I searched everywhere. I searched my room, your room, the living room.

어! 이제 거의 한 시간째 찾고 있어. 아무 데도 안 보여. 다 찾아봤어. 내 방도 찾아보고, 네 방도 찾아보고, 거실도 찾아봤어.

A Did you look in the car?

차 안도 찾아봤어?

B No. I was just about to go check.

아니. 지금 막 가서 확인해보려고 하고 있었어.

A OK. Let me know if you find it.

알았어. 찾으면 얘기해줘.

◌ **look for는 무엇을 찾고 있다는 뜻이고, find는 찾던 걸 발견했다는 뜻이에요.**

• A: Are you looking for something?

　　뭐 찾는 거 있어?

　B: I'm looking for a new apartment.

　　새 아파트를 알아보고 있어.

• A: Did you find any errors?

　　오류 찾은 거 있어?

　B: I found a few, but I haven't found anything major.

　　몇 개는 찾았는데 큰 문제는 못 찾았어.

◌ **try to find도 look for와 마찬가지로 찾는 과정을 말해요.**

• I'm trying to find the best way to arrange my furniture.

　내 가구를 가장 좋게 배치하는 방식을 찾고 있어.

　　　　　＊ 굳이 비교하면 look for는 지금 있는 것 중 고른다는 의미가 상대적으로 좀 더 있고요.
　　　　　try to find는 가장 좋은 것이 나올 때까지 이것저것 해본다는 맥락에서도 잘 어울려요.

◌ **search for는 상대적으로 장시간을 소요하면서 여러 곳을 찾아다녔다는 의미가 느껴지는 표현이에요. 그래서 오랫동안 간절한 마음으로 찾고 있던 것에 대한 얘기를 할 때 search for라고 하는 것을 많이 들을 수 있습니다.**

• I've been searching for sunglasses like these for so long.

　나 이런 선글라스 엄청 오래 찾아다녔는데.

✅ search는 뭔가를 찾으려고 '여기저기를 뒤지다/살피다/수색하다'라는 의미라서, 찾는 '대상'이 아니라 '장소'나 '공간'이 목적어로 나와야 합니다.

- She spent all night searching the entire neighborhood, but couldn't find her dog.

  그녀는 동네 전체를 밤새 찾아봤지만 강아지를 못 찾았어요.

✅ look in은 가방 속이나 주머니 속, 방 안 등 내부 공간을 찾아보는 거예요.

- Did you look in your bag? (= Did you check your bag?)

  가방 찾아봤어? (가방 확인해봤어?)

✅ 인터넷에서 어떤 정보를 찾는 것을 자연스럽게 말하는 방법을 배워봅시다.

- I had never heard of that word before so I looked it up* online.

  난 그 단어를 한 번도 들어본 적이 없어서 인터넷에 검색해봤어.

  > ★ 인터넷으로 검색한다고 할 때 look up은 search보다 훨씬 많이 쓰이는 대표적 표현이에요.

- I looked online and found some information about the restaurants in that area.

  인터넷을 검색해서 그 동네 맛집을 좀 찾았어.

  > ★ 어떤 정보를 인터넷으로 검색한다고 말할 때 search + 〈무엇〉이라고 하면 안 돼요.
  > 예를 들어 search the restaurant이라고 하면 '식당을 뒤지다/수색하다'라는 말이 돼요.

- I did a quick search* online and this is what I found.

  인터넷으로 잠깐 검색을 해봤는데 이걸 찾았어.

  > ★ 간단하고 빠르게 인터넷 검색을 하는 경우엔 do a quick search라고 많이 해요.

★★★
UNIT 71

She suddenly asked me a question and I panicked.
그녀가 갑자기 나한테 질문을 해서 완전 당황스러웠어.

▶ **embarrass는 '당황'보다는 '창피'에 가까운 말이에요.**

더 '당황'스러운 건 영어에는 '당황하다'에 완벽하게 대응되는 하나의 표현이 없다는 사실이에요. 맥락에 따라 panic, not know what to do 등 어울리는 표현이 그때그때 달라져서, 천천히 그리고 조금씩 감을 익히는 것이 중요합니다.

LET'S FIX IT 🔍 틀린 표현 바로잡기

그녀가 갑자기 코피를 흘리더라고. <u>당황스러워서 어찌할 줄 모르겠더라.</u>

- ✖ She suddenly started nose-bleeding and it was so embarrassing.

- ◎ She suddenly started nose-bleeding and I didn't know what to do.

A Oh my god. I can't believe I just did that. What do I do?

세상에, 내가 이런 실수를 하다니. 어떡하지?

B Why? What happened?

왜? 무슨 일이야?

A I forgot to attach the file. This is so embarrassing. They're going to think I'm an idiot.

파일 첨부를 깜빡했어. 너무 창피하다. 완전 바보라고 생각하겠네.

B No need to panic. I do that all the time. Just send them another email and apologize. There's nothing to be embarrassed about.

당황할 것 없어. 나도 늘 그러는데 뭘. 그냥 이메일 하나 더 보내면서 사과해. 창피할 것 하나도 없어.

☑ **not know what to do/say는 당황해서 '어떻게 해야 할지/뭐라고 말해야 할지' 모르겠다는 뜻이에요.**

- I didn't know what to say, so I just told her it was a mistake.
  뭐라고 말해야 할지 몰라서 그냥 실수였다고 했어.

- I didn't know what to do, so I just smiled and went back inside.
  어떻게 해야 할지 몰라서 그냥 미소만 짓고 다시 들어갔어.

☑ **panic은 당황한 나머지 제대로 된 판단이나 대처를 하지 못하는 상태예요.**

- There's no need to panic.* It's just an exercise drill.
  당황할 것 없어. 그냥 대응 훈련이야.

  > *there is를 생략하고 No need to panic이라고 해도 돼요.
  > 또는 그냥 don't panic이라고 말해도 상관없어요.

- I'll admit I panicked* a little, but I don't think I could've responded any better than I did.
  내가 좀 당황했던 것은 인정하겠는데, 그래도 그 정도면 아주 잘 대처했다고 보는데 난.

  > *panic을 극적인 상태를 표현하는 강한 어감을 가진 말로 알고 좀 꺼리는 경향이 있는데,
  > 이렇게 일상적인 상황에서 흔하게 사용되는 표현이에요.

☑ **catch someone off guard는 상대가 가드를 올리지 않은 틈을 타서 놀라게(당황하게) 만드는 모습이 연상되는 표현이에요.**

- He suddenly asked me how much money I made and it certainly caught me off guard.
  그가 나보고 갑자기 돈을 얼마나 버는지 물어서 당황스러웠어.

PRACTICE 다양한 내용으로 연습하기 ②

10번 반복 ☆☆☆☆☆ ☆☆☆☆☆

take someone by surprise는 예상하지 못한 일에 의해 놀라게 한 것을 말해요.

- His sudden retirement announcement took fans by surprise.
  그의 갑작스러운 은퇴 선언이 팬들을 당혹스럽게 했다.

- I wasn't expecting such a personal question, so it did take me by surprise*. But he was just a kid, so I didn't take any offense to it**.
  그렇게 사적인 질문을 받을 줄은 몰라서 당황스럽긴 했어. 하지만 그냥 아이여서 기분 나쁘게 받아들이지는 않았어.

* It did take me by surprise는 긍정 강조로, '~하긴 했다'처럼 표현하기 위한 화법이에요.
** take offense to + 〈무엇〉은 '무엇을 기분 나쁘게 듣다/받아들이다'라는 의미예요.

freak out은 '놀라 자빠진, 아주 충격적인, 매우 겁먹은' 상태에서 써요.

- I saw a cockroach in my room and I totally freaked out.
  방에서 바퀴벌레 보고 완전 기겁했어.

TIP 사전에서는 perplex도 '당황하게 하다'라고 나온다?

perplex는 개념적으로 '혼란스러운 것'에 더 가까운 단어예요. 즉, 어떻게 받아들여야 하는지 머리로 이해하지 못하는 상태에서 씁니다. 그래서 감정적, 신체적으로 어떻게 반응해야 할지 어쩔 줄 몰라하는 panic의 '당황스러움'과는 차이가 있어요. 또 다른 관점에서 보면, 혼란스러운 상태는 오래 지속될 수 있지만 당황하는 것은 순간적인 거라는 점이 다르죠.

- Even after all these years, people are left perplexed by the disappearance of the plane.
  이렇게 오랜 시간이 흐른 후에도 사람들은 그 비행기의 실종에 대해서 당혹스러워한다.

무엇이 너무 기대될 땐 expect를 쓰지 않아요

★★★
UNIT
72

I'm really looking forward to the movie.

그 영화가 정말 기대돼요.

▶ "너무 기대가 돼요"가 I'm really expecting it?

이렇게 기대하는 마음을 expect로 표현하는 걸 자주 보는데, 사실 이 맥락에서 expect는 어색합니다. 왜냐하면 expect는 앞으로 있을 일을 '예상하다'라는 의미에 더 가깝거든요. 앞으로 있을 좋은 일을 '기대하다'라고 말할 때 원어민들은 주로 be excited나 look forward to로 말해요.

LET'S FIX IT 🔎 틀린 표현 바로잡기

저 4월에 가족이랑 유럽에 가요. 다들 여행을 엄청 <u>기대하고</u> 있어요.

⊠ My family and I are going to Europe in April. We're really expecting the trip.

◉ My family and I are going to Europe in April. We're all so excited about the trip.

360   PART 2. 연습 가이드

DIALOGUE 💬 일상 대화 속에서 활용 감각 키우기

A Wow! Patrick Brice made a new film.

와! 패트릭 브라이스가 새 영화 만들었네.

B Yeah. I heard. The teaser came out a few days ago, right?

응. 들었어. 며칠 전에 티저 영상이 나왔지?

A Yeah. This is so exciting. He hasn't made one in a while.

응. 너무 기대된다. 이 사람 영화 만든 지 꽤 됐는데.

B I wouldn't get too excited just yet if I were you. It's going to be a while until it hits theaters. Plus, I wasn't too impressed by his last one, so I'm not getting my hopes up.

아직은 너무 기대 안 하는 게 좋을걸. 개봉하려면 꽤 걸릴 거야. 게다가 개인적으론 전작이 별로였어서 큰 기대는 안 되네.

A What? Are you serious? I bet you'll feel differently when you see the teaser. I don't care what you say, I am really looking forward to it.

뭐? 진심이야? 티저 영상 보면 생각이 달라질걸? 네가 뭐라 하든, 난 진짜 기대돼.

🗸 **be excited와 look forward to를 활용해 '기대하다'를 영어로 말해봐요.**

- I'm very excited about the job.

  그 일이 너무 기대돼요.

- We're really excited to finally get to work with you.

  드디어 당신과 함께 일할 수 있게 돼서 너무 기대됩니다.

- We're really looking forward to next year.

  내년이 많이 기대됩니다.

- I'm really looking forward to meeting you and your team.

  당신과 팀원들을 모두 만나는 날을 기대하고 있습니다.

🗸 **앞으로 있을 좋은 일에 대해 신나고 들뜬 마음을 표현할 때도 be excited를 써요.**

- It was our first real home after years of moving around, so we were all very excited.

  몇 년 동안 이사만 다니다가 처음으로 진짜 우리 집이 생긴 거여서 우리 모두 너무 좋았죠.

  * 영화나 미드를 보다 보면 be excited가 '흥분되다'로 번역되는 걸
자주 볼 수 있는데 그런 느낌으로 쓰는 경우가 있긴 하지만 드물어요.

- We're very excited to inform* you that the release date has been moved up.

  출시일이 앞당겨졌다는 소식을 전해드리게 되어 기쁩니다.

  * be excited to inform/to announce/to report/to let you know로
어떤 소식을 전하게 돼서 기쁘다고 얘기하기도 해요. 다만 개인이 일상에서 하는 말이라기보다
기관이나 업체에서 다수를 위한 발표에 어울리는 표현 방식이라는 점을 참고해주세요.

⊘ **I can't wait은 기대감을 표현하는 감탄사 같은 말이에요.**

- Only 2 weeks left until the game comes out. I can't wait!

  2주 뒤면 그 게임 나와. 빨리 나왔으면 좋겠다!

⊘ **hope도 앞으로 있을 일에 대한 '소망' 또는 '기대'라는 의미로 자주 쓰입니다.**

- Don't get your hopes up too high.*

  너무 기대하지는 마.

  * Don't get too excited와 의미와 활용이 아주 비슷한 표현이에요.

⊘ **expectations는 '기대치'라는 말과 비슷해요. 앞의 표현들보다 비교적 격식을 갖춘 느낌을 주지만 그렇다고 꼭 그런 경우에만 써야 하는 표현은 아니에요.**

- My expectations for that game were very low, so I was very surprised when our team won.

  그 경기에 대해 기대치가 정말 낮은 상태였거든. 그래서 우리 팀이 이겼을 때 정말 놀랐어.

- This is definitely good news, but it's too early to get excited. We need to manage our expectations*.

  이건 분명 좋은 소식이긴 하지만 그렇다고 신나하긴 일러요. 기대치를 조절해야 해요.

  * manage one's expectations는 '기대치를 조절하다'는 의미예요.

★ ★ ★

UNIT 73

It's my first time going to Europe.
유럽에 처음 가봐요.

▶ "나 이거 처음 해봐"가 It's my first time to do this?

문법적으로 틀린 말은 아니지만 It's my first time doing this.
처럼 '동사ing'로 얘기하는 게 가장 일반적이에요. it's one's
first time + 〈어디〉도 많이 쓰고요. one's first time 대신 the
first time을 써서, it's the first time that ~으로도 말해요. 맥
락에 따라 to + 동사원형이 나올 때가 이례적으로 있긴 하지만
선호하지 않는 방식이에요.

HOW IT'S USED 🔍 기본 예문으로 표현 익히기

- This is my first time going to Europe.
  유럽에 처음 가봐요.

- That was the first time that I had ever stayed at a
  hotel like that.
  그런 호텔에서 묵어본 건 그때가 처음이었어요.

Ⓐ Hi. Is this your first time here?

안녕하세요. 여기 처음 오셨어요?

Ⓑ No, but it's my first time seeing Dr. Reznik.

아니요. 그런데 레즈닉 선생님 뵙는 건 처음이에요.

Ⓐ OK. Please take a seat over there. We'll call your name when Dr. Reznik is ready to see you.

네. 저쪽에 앉아계시면 돼요. 레즈닉 선생님께서 준비되시면 성함 불러드릴게요.

Ⓑ Thank you. Oh, I parked my car in the basement. Is that OK? It's my first time bringing my car.

알겠어요. 아, 건물 지하에 차를 댔는데, 괜찮죠? 차를 가져온 건 처음이라서요.

Ⓐ That's fine. Just give me your plate number before you leave and I'll have it validated for you.

네. 가시기 전에 차량 번호 말씀해주시면 무료 주차 시간 넣어드릴게요.

✅ **one's first time + <어디>라고 할 때, 그 의미는 '어디에 처음 가보다/와보다'이지만 go/come/visit 같은 단어들을 안 쓰는 게 자연스러워요.**

- Will this be your first time in China?
  중국에는 이번에 처음 가보는 거야?

- Yes. This will be my first time there.
  응. 처음 가 보는 거야.

✅ **one's first time 다음에 '동사-ing'를 쓰는 것에 익숙해지면 좋겠어요.**

- It'll be my first time traveling overseas alone.
  해외로 혼자 여행을 하는 것은 처음이야.

- That wasn't my first time working with a group of people, but it was my first time working with a group of that size.
  여러 명과 함께 일하는 게 그때가 처음은 아니었는데, 그 정도 크기의 그룹은 처음이었어.

✅ **the first time (that) 다음에 나오는 문장에는 주로 완료형 시제가 와요.**

- This is the first time that I've ever been to China.
  중국에 와보는 것은 이번이 처음이에요.

TIP It's my first time here/there의 활용 범위

여행지로 어디에 처음 가본 것 외에도 주차장 같은 시설을 처음 이용하는 경우 또는 실시간 유튜브 방송에 참석하는 경우에도 use, join, attend, participate 같은 말을 하지 않고 It's my first time here(처음 왔어요/처음 참석해봐요), It was my first time there(처음 가본 거였어요/처음 참석해봤어요)라고 간단하게 말하는 것을 많이 들을 수 있어요.

✓ **'the first time (that) + 다양한 완료형 시제'를 연습해봅시다.**

- It was the first time that I had ever been to China.
  중국에 갔던 건 그때가 처음이었어.

- In fact, this will only be the second time that I'll have ever done any sort of proper traveling.
  사실, 제대로 된 여행 같은 것을 해보는 게 이번이 딱 두 번째야.

✓ **first time이 주어가 되기도 해요.**

- My first time there(= The first time I was there) was like two years ago.
  거기에 처음 갔던 건 한 2년 전이었을 거야.

✓ **'처음(으로)'이라고 말할 때 for the first time이라고도 많이 하죠. 참고로 at first는 '처음에(는)'라는 뜻이에요.**

- I remember hearing about this for the first time. I thought it was some kind of scam at first.
  이것에 대해 처음 들었던 때가 생각난다. 처음에는 무슨 사기 같은 건 줄 알았어.

✓ **the first time around/the second time around 같은 표현은 소프트웨어 업데이트, 제품 출시, 행사 등이 반복적으로 이루어질 때 자주 써요.**

- We were very underprepared the first time around, but things have changed since then.
  우리가 처음에는 준비가 너무 부족했지만 그때 이후로는 많이 달라졌지.

UNIT 74

★★☆

I offered to help them.

내가 그들을 돕겠다고 했어.

▶ **offer는 생각보다 일상에서 활용도가 매우 높은 단어예요.**

그런데 많은 사람들이 offer를 단순히 '제안하다'라는 뜻으로만 인식하고, 거기에 꼭 맞게 쓰려고 하는 것 같아요. 사실, offer 는 실제 대화에서 오히려 '주다'라는 해석이 더 자연스러울 때 가 많아요. 다만 give와 달리 offer는 수락/거절 하는 과정으로 이어지기 때문에 제안하는 맥락에서도 사용되는 거죠.

LET'S FIX IT 🔍 틀린 표현 바로잡기

누가 맛있는 걸 <u>주면</u>, 거절하기 어려워.

✖ When someone gives me something delicious, it's hard for me to say "No."

◉ When someone offers me something delicious, it's hard for me to say "No."

A Did they offer you the job*?

너한테 그 일을 주겠대?

B They did. They even offered to provide temporary housing if I can't find a place right away.

응. 심지어 집을 바로 못 구하면 임시로 거주지를 제공해주겠대.

A Wow. They must really want you there. So, are you going to take it?

와. 네가 정말 마음에 들었나 보다. 할 거지?

B I'm thinking about it. My company offered to double my salary when I told them I wanted to leave.

사실 고민 중이야. 지금 있는 곳에 그만두겠다고 말했더니 연봉을 두 배 올려준다고 해서.

A But you've already made up your mind to leave, right?

하지만 이미 떠나기로 마음 먹은 거지?

* job은 '일' 또는 '일자리'에 모두 포괄적으로 쓸 수 있어요. '일자리'라는 개념에 좀 더 부합하는 단어를 찾는다면 position이 있겠네요.

✅ offer + <누구> + <무엇>이라고 하면 '누구에게 무엇을 주다 또는 주겠다고 하다' 정도의 의미입니다.

- I offered her my help, but she insisted on doing it herself.
  나는 그녀에게 도움을 주겠다고 했지만 그녀는 굳이 스스로 하겠다고 했어.

- He offered me a drink, but I didn't really feel like drinking.
  그가 나한테 술을 권했지만 난 술이 별로 마시고 싶지 않았어.

✅ offer to + 동사원형은 '~해주겠다고 (제안)하다'라는 의미로 쓰입니다.

- She invited me to come with her. She even offered to pay for my ticket.
  그녀가 같이 가자고 했어. 심지어 내 표도 사주겠다고 했어.

- They offered to take me with them if I was willing to pay a third of the gas bill.
  그들은 내가 주유비의 3분의 1을 내면 나를 데려가 주겠다고 했어.

✅ 다음 예문은 사과를 건네고 받아들이는 과정이기 때문에 offer an apology라고 한 거예요.

- She immediately offered a sincere apology for her mistake and I think that's what kept the situation from escalating.
  그 사람이 자신의 실수에 대해서 바로 진심 어린 사과를 건넸는데 그래서 상황이 더 커지지 않았던 것 같아.

🗸 **offer를 꼭 개인만 하라는 법은 없죠. 시설이나 브랜드, 기관에서 진행하는 판촉, 홍보 행사 같은 것에 대해서도 offer라고 흔히 말해요.**

- They were offering a BOGO(Buy One & Get One) deal on all shampoo products.

  모든 샴푸 제품에 대해서 1+1 행사를 하고 있었어.

🗸 **어떤 제품이 '제공하는' 기능이나 특징에 대해서도 offer를 쓰는 걸 들을 수 있습니다.**

- This product has little to offer on the customization side of things, but it's built to last.

  이 제품은 커스터마이징 부분에서는 내세울 게 거의 없지만 정말 오래 가요.

🗸 **여기서의 offer는 '상대방에게 제안하는 금액이나 가격'을 의미해요.**

- A hundred and fifty thousand won. That's my final offer.

  15만 원. 그게 내 마지막 제안이야.

- We made an offer on the house* a few hours ago. We have our fingers crossed.

  몇 시간 전에 그 집에 대한 가격을 제시했어요. 행운을 빌어야죠.

  * make an offer on something은 흥정의 여지가 있거나 경매로 판매되는 물건에 대해 특정 금액을 제시한다는 의미예요.

★ ★ ★

UNIT
75

I found that out just yesterday.
난 그걸 어제 막 알았어.

 ▶ **'알다'를 know로만 말하려고 해서 문제가 생겨요.**

그러다 보니 어떤 사실이나 정보를 처음 '알게 되다'라는 말을 I get to know.라고 하는 걸 자주 목격하는데요. 이 말은 시간에 걸쳐 무엇에 익숙해지거나 누구와 친해졌을 때 쓰는 '알게 되다'예요. 처음 '알게 되다'라고 말할 때는 맥락에 따라 find out, figure out, realize 등의 다양한 표현을 씁니다.

HOW IT'S USED 🔎 기본 예문으로 표현 익히기

• At first I didn't know him very well. But we had a chance to talk and we found out that we lived in the same apartment building. Since then, we got to know each other pretty well.

처음에는 그를 잘 몰랐어요. 그런데 우연한 기회에 대화를 하다가 같은 아파트에 산다는 걸 알게 됐죠. 그 후로 꽤 친해졌어요.

A Have you two been coming here long?

두 분은 여기 오래 다니셨어요?

B Oh, yeah. We're long-time members here. Ever since this place opened. How about you?

아, 네. 저희는 오래된 회원이에요. 여기 오픈했을 때부터요. 당신은요?

A I just found out about this place a few weeks ago. I'm Paul.

저는 여기 몇 주 전에 알게 됐어요. 저는 폴이라고 해요.

B Well, it's really nice to meet you Paul. I'm Eric and this is my wife Stacey.

만나서 반가워요 폴. 저는 에릭이고 이쪽은 제 와이프 스테이시예요.

A It's a pleasure to meet you. Do you folks know the president of the club? What kind of person is he?

만나서 반가워요. 혹시 여기 클럽 회장을 잘 아세요? 어떤 사람이에요?

B Jack? Don't let his looks fool you. He might seem a bit intimidating, but he's the sweetest guy once you get to know him.

잭이요? 그분 겉모습에 속지 마세요. 좀 무섭게 생겼을지 몰라도 알고 보면 아주 착한 사람이에요.

☑ **get to know**가 '알게 되다'라고 해석되더라도 그 의미는 시간에 걸쳐 친해지고 익숙해진다(= become familiar with)는 기본 개념을 내포하고 있어요.

- We got to know each other quite well while working together.

  우리는 같이 일하면서 꽤 친해졌어요.

- We first met years ago. We only recently got to know each other.

  처음 만난 건 몇 년 전이고요. 최근에 들어서야 좀 친해진 거예요.

- Once I got to know them a little better, it wasn't hard to tell what to expect.

  그들에 대해서 좀 더 알게 되니까 어떤 것을 기대할 수 있을지 알겠더라고요.

- I didn't like her at first to be honest, but I quickly changed my mind once I got to know her.

  나 처음에는 사실 그 여자 별로 안 좋아했는데, 어떤 사람인지 알고 나니까 금방 생각이 바뀌더라.

- It can be quite confusing at first, but it's really not that hard once you get to know the system*.

  처음에는 꽤 헷갈릴 수 있는데, 시스템을 알고 나면 그렇게 어렵지 않아요.

  * 이처럼 **get to know**는 사람이 아닌 것에도 써도 돼요.

✅ **이 예문은 통째로 외우라고 하고 싶을 정도로 이 모습 그대로 정말 많이 써요.**

- You'll know when we get there.

  가면 알아. (직역: 그곳에 가면 알게 될 거야.)

✅ **find out은 몰랐던 사실이나 정보를 새롭게 '알게 되다'라는 뜻입니다.**

- How did you find out about that?

  넌 그걸 어떻게 알게 된 거야?

✅ **여기서 learn은 '배우다(= gain knowledge)'가 아니고 '알게 되다(= find out)'라는 뜻으로 쓰였어요. 그걸 알게 됨으로써 상황을 더 잘 이해하고 문제에 더 잘 대처할 수 있게 되었다는 인상까지 줘요.**

- We learned that there was a bug in the recent software update.

  최근 소프트웨어 업데이트에 버그가 있다는 것을 알게 됐어요.

✅ **become aware of는 무엇을 인지한 상태가 됐다는 의미의 '알게 되다'이고, it hit me는 어떤 사실을 마치 망치로 머리를 얻어맞은 것처럼 순간적으로 '알게 되다'라는 뜻이에요.**

- As soon as I became aware of what had happened earlier that morning, it immediately hit me. I knew who was responsible.

  그날 아침 일찍 어떤 일이 있었는지 알게 되자마자 저는 바로 알았어요. 누구 책임이었던 것인지 저는 알았던 거죠.

⊘ **Figure out은 어떤 문제의 해결 방법 등을 '알게 되다'라는 뜻이에요. 맥락에 따라 '알아내다'라고 해석하는 게 자연스러울 때도 있습니다.**

- Don't panic. I figured out how to get there.

  진정해. 어떻게 가는지 알아냈어.

- We need to be quick. It's a matter of time before they figure things out.

  빨리 해야 돼. 저 사람들이 뭐가 어떻게 된 건지 알아내는 것은 시간 문제라고.

⊘ **realize는 말 그대로 '깨닫다'인데, 둘 이상의 정보나 사실이 만나 새로운 사실이 생기는 순간을 가리키는 말이에요.**

- I realized that job wasn't for me.

  그 일이 나한테 맞지 않다는 걸 깨달았어.

- They want you to feel like you never have enough. It's how they constantly get you to buy more stuff. I thought you would've realized that by now.

  그들은 네가 절대로 충분히 가지지 못했다고 느끼길 바라는 거야. 그래서 계속 뭘 더 사게 만드는 거지. 지금쯤이면 너도 그걸 알고 있을 줄 알았는데.

- I didn't realize she was married.*

  그 분이 결혼하신 걸 제가 미처 몰랐어요.

  > * 좀 더 관심이 있었으면 알 수 있었지만 미처 거기까지
  > 이르지 못했다는 느낌을 강조하기 위해 realize를 썼어요.
  > I didn't know와 맥락은 같지만 좀 더 겸손한 태도가 느껴져요.

빨모쌤의
영어 업그레이드 팁

말의 전달력을 높이세요

   학습자들이 자주 하는 오해 중 하나가 '내 발음이 안 좋아서 외국인이 내 영어를 못 알아듣는 것 같다'라는 것입니다. 그 이유가 정말 타당한지 생각해보기 전에 다음 문장을 한번 읽어봅시다.

I dno't go to wrok tmororw beaucse is't a halodiy. So I dnot heva to weka up ealry.

   거의 모든 단어의 철자가 틀렸지만 별문제 없이 문장을 읽고 뜻을 이해할 수 있습니다. 문법에 맞게 쓰였고 단어와 표현의 활용이 적절하며 익숙한 내용이거든요.

   같은 개념이 말에도 적용됩니다. 단어 하나하나의 발음이 안 좋아도 익숙한 내용이고, 문법에 크게 어긋나지 않으면서 단어와 표현의 활용이 적절하다면 듣고 이해하는 데는 문제 없습니다.

   그런데 보통은 이 정도도 말하지 못합니다. 아마 대부분이 다음과 같을 거예요.

사례 1. I am···. 아, I am not···, 아, I don't go work? go work? go to work? I don't go to work tomorrow. I don' go to work tomorrow···. because of holiday. 아, because it is a holiday···.

말하기 연습이 부족한 사람은 사례 1처럼 단어와 형식을 헤매다가 의심스러운 부분을 구간 반복하며 자체 교정을 하는 모습을 많이 보여줍니다. 이건 단순히 속도의 문제가 아니고 평소에 공부하면서 자주 하던 행동이 말을 하는 상황에서도 나오는 겁니다. 말을 할 때는 의미 전달이 중요합니다. 주관식 시험 답안을 작성하는 것처럼 인식하면 안 돼요.

틀리게 말을 하더라도 멈추지 말고 끝까지, 흐름을 끊지 말고 한 번에 말을 하려고 노력하세요. 교정을 하더라도 일단 문장을 끝낸 뒤에 전체를 교정하는 식으로요.

사례 2. I am not go to work on tomorrow because of holiday. I don't go to work tomorrow because it's a holiday.

사례 2처럼 일단 문장으로 한 번에 죽 내뱉으면, 비록 틀린 문장이지만 원어민이 충분히 알아듣고 이해합니다. 이어서 교정된 문장으로 같은 내용을 반복해 말하는 것도 어색하지 않고요. 무엇보다도 사례 1과 달리 문장 전체를 말함으로써 흐름^{flow}, 리듬^{rhythm}, 높낮이^{intonation}, 강세^{accent} 가 자연스럽게 생기는데 이것들이 말의 '전달력'을 결정합니다. 그래서 올바른 문장을 완성하고 단어 하나하나를 정확하게 발음하지 못하더라도 전반적인 의미의 전달을 생각하며 거침없이 말을 하는 것이 정말 중요합니다.

말을 할 때 이를 잡듯이 하지 말고 빗질을 반복하듯이 하세요. 그래야 말에 '흐름'이 생기고 '높낮이'와 '강세'가 생기고 '리듬'을 탈 수 있습니다.

안타깝게도 여기서부터는 더 이상 '공부'의 영역이 아니에요. 그런 것들은 말의 의도, 내포하는 의미, 강조하고자 하는 내용, 감정, 반어법과 같은 많은 변수에 의해 달라지기 때문에 '경험'으로만 배울 수 있습니다. 세상의 모든 것이 그렇듯이, 하다 보면 좋아집니다.

빨모쌤의 라이브 영어회화

초판 1쇄 발행 2024년 4월 23일
초판 4쇄 발행 2024년 5월 13일

지은이 신용하

발행인 이봉주 **단행본사업본부장** 신동해
편집장 김경림 **책임편집** 이민경 **교정교열** 김진아
디자인 김은정 **일러스트** 유혜리 **사진** 307스튜디오
마케터 최혜진 신예은 **홍보** 정지연
국제업무 김은정 김지민 **제작** 정석훈

브랜드 웅진지식하우스 **주소** 경기도 파주시 회동길 20
문의전화 031-956-7430(편집) 031-956-7087(마케팅)
홈페이지 www.wjbooks.co.kr
인스타그램 www.instagram.com/woongjin_readers
페이스북 www.facebook.com/woongjinreaders
블로그 blog.naver.com/wj_booking

발행처 ㈜웅진씽크빅
출판신고 1980년 3월 29일 제406-2007-000046호

ⓒ 신용하, 2024
ISBN 978-89-01-28179-7 (13740)